ARNAUD MATTOSO

A NOVA ESQUERDA NO BRASIL

do sectarismo ideológico ao liberalismo econômico

"A razão que levou (o Brasil) à negação do visto do Larry é uma repressão à liberdade de expressão. A razão que levou os Estados Unidos a essa relação comigo foi uma retaliação por um ato armado contra uma autoridade americana. São fatos de gravidades diferentes".

Fernando Gabeira

Jornalista, escritor e comentarista na Globo News.

Prólogo

Em 1969, o jornalista Fernando Gabeira era membro do Movimento Revolucionário Oito de Outubro - MR-8 e participou do sequestro do embaixador americano Charles Burke Elbrick. Esse fato está relatado em detalhes no livro "O que é isso, companheiro?" (Ed. Codecri/Cia das Letras, RJ, 1979) e depois virou filme, em 1997, sob a direção de Bruno Barreto. Em 2012, Gabeira publicou "Onde está tudo aquilo agora? Minha vida na política" (Cia das Letras, SP, 2012), de onde foi extraída a epígrafe desse livro que o leitor tem em mãos.

Nessa afirmação, Gabeira reconhece como legítima a proibição de sua entrada nos Estados Unidos por causa desse fato relacionado a um cidadão americano. Ao mesmo tempo, ele considera "repressão à liberdade de expressão" a decisão do então presidente Lula, em seu primeiro mandato, de negar o visto de permanência no Brasil ao jornalista Larry Rohter. Bastou esse posicionamento, entre outros, contrário ao Lula para a esquerda brasileira excluir Gabeira do seu campo ideológico.

Acontece que Gabeira é o mais legítimo representante da esquerda brasileira lúcida, renovada, atualizada e antagônica à esquerda fantasiosa, sectária e anacrônica que limitou os próprios posicionamentos e dos demais brasileiros a partir do culto ao personalismo em torno do personagem Luiz Inácio Lula da Silva. Esse exemplo em relação ao ambientalista e ex-deputado federal por quatro mandatos pelo Partido dos Trabalhadores (PT) e pelo Partido Verde (PV) é apenas um desse sinais truncados e erráticos da esquerda brasileira.

Outros personagens também foram "cancelados", para usar palavrinha da moda, por parte dessa esquerda submissa à mitificação de Lula da Silva, o operário metalúrgico que chegou à presidência do Brasil. O cineasta Arnaldo Jabor e o poeta maranhense Ferreira Gullar são mais dois desses personagens que em hipótese alguma poderiam ser jogados para outro campo ideológico que não à esquerda.

O cancelamento de Jabor se deu quando, ao assumir a função de comentarista na Rede Globo, teceu críticas contundentes à corrupção na gestão Lula. Já o poeta Gullar, porque não compactuou com a corrupção nos governos petistas e também fez críticas. Um editor de livros no Recife chegou a classificar de "reacionário" o poeta maranhense que foi um dos fundadores do Partido Comunista do Brasil – PCB.

Tanto Gabeira, quanto Jabor e Gullar são homens de esquerda. Nenhum deles tem comportamento ou pensamento da direita tradicional ou da ultradireita que ascendeu do inferno para a presidência do Brasil, personificado em Jair Messias Bolsonaro, no ano de 2018. Mesmo nas críticas ao ex-presidente Lula da Silva e aos governos petistas há diferenças em relação ao campo ideológico da direita. Há inteligência e fundamentação nos comentários sobre fatos reais, sem ódio e até alguma consternação.

Na epígrafe desse livro, Gabeira defende o jornalismo e a imprensa profissional (sem "regulação da mídia"), após o embate do então presidente Luiz Inácio Lula da Silva com o jornalista norte-americano Larry Rohter. Relembre o fato: em 2004, Lula ameaçou expulsar do Brasil o jornalista estrangeiro por causa de uma reportagem, onde o presidente era mostrado como alguém que bebia em excesso.

Não à toa uso as palavras e a imagem de Fernando Gabeira como epígrafe condutora dessa obra que não é contra a esquerda, menos ainda a favor da extrema direita liderada por Jair Bolsonaro e seus congêneres. Pelo contrário, a proposta é sugerir a reflexão de como a esquerda se iguala à direita ao criar culto ao personalismo e idolatria em torno de um personagem.

Nesse caso, dê-se os méritos à história política de Lula da Silva que é superior à de Jair Bolsonaro. Enquanto Lula iniciou carreira política em meados dos anos 1970, mobilizando trabalhadores em porta de fábrica. Entrou nos anos 1980 já como liderança popular e defendendo o Movimento Diretas Já.

A carreira política de Bolsonaro se inicia ao ser expulso do Exército por mal comportamento por incitação à insubordinação. Elege-se vereador pelo Rio de Janeiro, depois foi deputado federal por seis mandatos, onde atuou no chamado baixo clero de forma medíocre com pautas conservadoras de costumes, polêmicas e agressões verbais às mulheres e às minorias sociais.

Enquanto deputado, o legado de Bolsonaro inclui levar para a política os três filhos igualmente medíocres, mil suspeitas de "rachadinhas" (divisão de salários com dinheiro público) em gabinetes e o envolvimento com milícias cariocas. Chegar à presidência do país foi o improvável ponto fora da curva em um momento político específico no país.

Parte desse movimento foi causado pela própria esquerda, apesar de ela não reconhecer isso. O campo ideológico refere acusar o ex-juiz federal Sérgio Moro e a operação Lava-Jato que cassou corruptos. Esse é um ponto de inflexão que iremos debater mais à frente.

Outra razão para Fernando Gabeira ser a epígrafe literária dessa obra é que ele foi o meu primeiro voto para presidente da República no primeiro turno da primeira eleição em 1989, após a redemocratização em 1985. Este autor tinha vinte e quatro anos e gostava de política. Não tanto quanto iria me interessar no futuro, mas era leitor ávido e acompanhava os acontecimentos importantes da época de transição entre a Ditadura Militar, a redemocratização do país, o Movimento Diretas Já e, finalmente, a primeira eleição para presidente da República de toda uma geração.

No segundo turno, o meu voto foi para o líder sindicalista de São Bernardo do Campo, o metalúrgico Lula e o seu Partido dos Trabalhadores. Coloquei bandeirinha com estrela vermelha no telhado e tive embates ideológicos com a minha mãe, eleitora de Fernando Collor e Paulo Maluf. O voto em Lula foi *anti-Collor* e não *pró-Lula*. Eu não me identificava com a causa dos trabalhadores, menos ainda com o metalúrgico de fala raivosa.

Eu me considerava intelectual com alguma escolaridade e me reconhecia no discurso lúcido, bem construído e tranquilo de Fernando Gabeira e do pernambucano Roberto Freire (na época filiado ao PCB). Freire apresentou uma das melhores retóricas entre os candidatos. Tampouco me identificava com Leonel Brizola, mas simpatizava com Mário Covas, o melhor candidato e o presidente ideal para aquele momento histórico. Mais à frente, faremos comentários sobre um fato importante ocorrido entre Lula, Brizola e Covas. Os três ficaram embolados entre o segundo e quarto lugar no segundo turno da eleição histórica.

É interessante olhar o passado pelo retrovisor, quando se tem cinquenta e tantos anos, graduação em Jornalismo, três especializações *latu senso*, uma centena de leituras e diversos acontecimentos políticos no país acompanhados em tempo real pela televisão: Mensalão, Petrolão, CPI dos anões, *Impeachment*, Orçamento secreto, Lava-Jato e outros similares.

Junte tudo isso à eleição direta de quatro presidentes da República (Collor de Mello, Fernando Henrique Cardoso, Luiz Inácio Lula da Silva, Dilma Van Rousseff, Jair Messias Bolsonaro), vários episódios políticos intensos e o olhar sobre a política amadurece. Ainda bem. Não há atraso maior para o ser humano do que agir como uma árvore de raízes imutáveis, as pedras imóveis na praia e os pensamentos anacrônicos.

A inocência é um estado de espírito aceitável na adolescência e juventude; na maturidade, é covardia. Os cabelos loiros caindo nos ombros estão curtos, as bermudas de surfe foram trocadas por calças jeans escuras e as sandálias de dedo por sapatos-tênis. O passado é uma roupa que não cabe mais e o distanciamento do tempo ajuda na apuração dos fatos, sob ângulos equilibrados e racionais.

Entre golpe e ego

O Brasil vive o caos econômico e social desde sempre, mas piorou nesses últimos quatro anos do presidente Bolsonaro com um rombo acima do Teto de Gastos de R$ 795 bilhões (Fonte: TCU). Fora a verborragia insensata e à tentativa de golpe do presidente Jair Messias Bolsonaro, aliada a uma crescente onda global da extrema direita, nazista, racista e xenofóbica, o país se tornou pária internacional. Ou piada internacional, como diria Renato Russo. Mas não é piada, é tragédia. Uma após a outra. Os números estão aí para serem conferidos. E a culpa não é da pandemia covid-19 ou da insensata guerra na Ucrânia. Um estadista ou um governante com alguma capacidade cognitiva e o mínimo de qualidade intelectual teria feito tudo diferente do que Bolsonaro fez entre 2019 a 2022.

Junte a esse caldo ralo, o cinismo egocêntrico do ex-presidente Lula insistindo em se manter no cenário político como eterno candidato da esquerda a presidente da República, como se não houvesse outra forma de colaborar com o país. Lula deveria ter passado o bastão para renovar o grupo político para o qual ele representa, como fez o venerável intelectual Fernando Henrique Cardoso. O projeto da reeleição foi um erro do governo FHC? É possível, mas o pior dessa lei é a possibilidade da recandidatura do Chefe do Executivo, após os dois mandatos.

Quero dividir com o leitor essa visão madura sobre a política brasileira que acompanho com olhar profissional de jornalista, escritor, professor, empreendedor, cidadão e eleitor. Como observador da política sou frio, realista e sem paixão política. Não cultivo ídolos, menos ainda bandidos de estimação, nem sou rígido no meu voto em eleições. Posso votar num candidato de centro-direita no primeiro turno e de centro-esquerda no segundo turno. Posso até mesmo anular ou votar em branco, como fiz no segundo turno presidencial de 2018.

Aprendi a ser frio para absorver com racionalidade os fatos e poder enxergá-los sem o olhar de torcedor fanático ou de "gado" para usar a palavrinha da moda em tempos de bolsonarismo. Naturalmente, tenho posicionamento político, mas ele não está preso no culto ao personalismo, numa bolha ideológica arraigada ou enraizado num campo extremo, onde o senso crítico se enfraquece ao ponto de não reconhecer erros do idolatrado.

Eleger alguém não significa apoiá-lo (a) até o fim dos tempos, depois de a criatura eleita se mostrar incapaz ao cargo eletivo ou de cometer erros gravíssimos. O eleitor consciente deve ter o olhar crítico e se permitir apoiar o outro (a) candidato (a) como se faz no amor e na amizade que se acaba.

Espero que as minhas impressões fundamentadas em experiências, observação e algum estudo colaborem no debate político, no diálogo sensato e no distencionamento exacerbado em que os brasileiros se meteram na política; e o pior, por causa de personagens que não merecem essa fidelidade.

A política está em todos os lugares e na rotina das pessoas. Participar do debate é importante, mas ainda mais fundamental é manter-se livre, independente e desapegado dos personagens. Nenhum político merece seu abraço de afogado.

Patético! Brasil, 07/09/2021

Quem já leu livros e estudou a trajetória do coronel Hugo Chavez desde sua tentativa de golpe militar no governo civil de Carlos Andrés Pérez, em 1992, e depois ao vencer as eleições e assumir a presidência da Venezuela, em 1999, encontra semelhanças entre o Chavismo e o Bolsonarismo. Para disputar as eleições, Hugo Chavez fundou a própria legenda partidária, o MVR - Movimento Quinta República, e se elegeu com o mantra "Polo Patriótico", onde prometia "reconstruir a democracia da Venezuela".

Depois da tentativa de golpe frustrada e de ser anistiado pelo então presidente Rafael Caldeira, Chavez percebeu que a tomada de poder não se daria pela força, mas pelas eleições democráticas. Eleito com discurso radical contra a corrupção, iniciou o plano diabólico que daria origem ao Chavismo de cunho nacionalista e antidemocrático; ou seja, contra o sistema que o elegeu. Para impor o novo sistema político conhecido por "Revolução Bolivariana" mudou a Constituição do país com um grupo de constituintes que o apoiavam.

Nessa nova constituição, o mandato presidencial durava seis anos com direito à reeleição ilimitada. Esse foi o início do Chavismo na Venezuela, um regime de viés autoritário e populista e que contribuiu abertamente para o enfraquecimento do sistema democrático no país. Nesse tipo de sistema autoritário, a própria democracia é usada para impor o poder majoritário ao chefe do executivo. A Nicarágua segue esse modelo com Daniel Ortega que nas eleições de 2021 mandou prender opositores do regime e colocou apoiadores como candidatos. Tanto Chavez quanto Ortega são lideranças às quais Lula da Silva, o PT e parte da esquerda que os apoiam nunca fizeram críticas ou condenaram essas violações à democracia.

A degradação política, social e econômica na atual Venezuela é consequência que se estende até os dias atuais, com o preposto Nicolás Maduro que não apenas manteve os princípios antidemocráticos do Chavismo, como os potencializou. Em 2022, completam-se vinte e três anos que a Venezuela afundou no caos econômico, político e social.

Há rumores que Nicolás Maduro vai privatizar estatais, priorizando empresários nacionais. Como não há imprensa livre no país, as informações não são seguras. O país com maior capacidade produtiva de petróleo na América do Sul e com enorme potencial turístico pela proximidade das ilhas caribenhas, vai demorar décadas para se recuperar.

A roupagem golpista do Chavismo cabe na camisa verde amarela de Jair Bolsonaro. Apesar de estarem em lados ideológicos opostos, eles se encontram no populismo e no autoritarismo. O bolsonarista convicto não enxerga as semelhanças, porque a viseira ideológica não permite. O sentimento antipetismo é maior do que a disposição de entender que populistas não têm ideologia, apenas a fome de perpetuação no poder.

O que houve no Brasil na data de 7 de setembro de 2021 foi uma tentativa de golpe de estado do presidente Jair Bolsonaro e de seus apoiadores fanáticos. Foi um evento patético para se criar o caos e forçar as Forças Armadas a intervir em favor do presidente. Felizmente, as instituições republicanas reagiram à altura. A resposta do Supremo Tribunal Federal, do Congresso Nacional e da imprensa profissional refutou o presidente golpista.

Foi um fato histórico, apesar de bizarro. As instituições saíram fortalecidas e Jair Bolsonaro enfraquecido, mas não morto politicamente. De certa forma, ele imitou o gesto do seu ídolo Donald Trump ao incentivar a invasão ao Capitólio. O que o torna ainda mais patético do que costuma ser todos os dias no cercadinho dos convertidos em frente ao Palácio do Planalto, em Brasília.

A democracia brasileira é jovem. Os vinte e um anos de ditadura militar no país atrapalhou o amadurecimento do eleitor brasileiro. Vamos precisar de muitas eleições para reconhecer populistas e indivíduos incapacitados para o cargo público mais importante e de maior responsabilidade no país.

O Brasil não é a Venezuela, nem Bolsonaro é Chavez, mas há mais semelhanças no mandato do que as diferenças ideológicas. Essa ultradireita cultuada pelo bolsonarismo precisa estudar história e se libertar das amarras dos inimigos imaginários como a China comunista. Da mesma forma que a esquerda precisa se livrar do seu dogma anacrônico da ameaça imperialista representada pelos Estados Unidos.

Novos caminhos para a esquerda brasileira

Nesse espectro latino, a esquerda brasileira se parece com a direita extremada desenhada no bolsonarismo. O venerado líder máximo, Lula da Silva, em pré-campanha à presidência em 2022 foi capaz de retomar a ideia autoritária de "regulação da mídia". Em 2021, ainda preso no prédio da Polícia Federal em Curitiba, Lula relativizou a "ditadura democrática" de Daniel Ortega, na Nicarágua, durante entrevista ao conceituado "El país". Ele comparou os dezesseis anos de Ortega no poder ao tempo de permanência da então premier Ângela Merkel, na Alemanha.

Esse tipo de tolice verborrágica diz muito sobre a cabeça do populista Lula em adequar o fato à sua própria realidade. Ele se difere do populista Bolsonaro pela porção ideológica em margens opostas, mas ambos usam o mesmo expediente de adequar fatos à realidade que lhe seja conveniente.

Bolsonaro certa vez passou a tarde com o príncipe assassino e líder autoritário saudita Mohamed Bin Salman e saiu do encontro se sentindo uma princesa. Na ocasião, o presidente brasileiro declarou: "quem não gostaria de passar a tarde com um príncipe?". Veroborragias como essa fazem parte do anedotário bolsonarista acumulado ao longo de quatro longos anos de desarranjos mentais e verbais.

Populistas flertam com regimes autoritários e autocracias porque são incompetentes em lidar com as burocracias e as limitações impostas pelas instituições democráticas que servem para conter-lhes os impulsos autoritários. O petismo tem dívida histórica com a sociedade e deveria fazer autocrítica sobre o início da bravata "Nós e Eles", iniciada por Lula em cima do palanque.

Parar de apoiar ditaduras latinas, reconhecer o fracasso do chavismo na Venezuela e o regime ditatorial existente em Cuba desde 1958, seria um passo relevante rumo à libertação ideológica. Relativizar estados totalitários de esquerda e apontar o dedo para déspotas de direita não tornam alguém democrático.

Essa mudança de comportamento poderia ser a base de apoio para evoluir rumo à atualização da ideologia reinante desde os anos da guerra fria. Seria saudável modernizar a imagem do sectarismo da esquerda diante do cidadão comum que vive fora da bolha e para reduzir o antipetismo e antiesquerdismo que são sentimentos legítimos no Brasil da era Lula, Dilma, Gleise, Dirceu, Genoíno tantos outros que tornaram o partido infame no imaginário popular.

Reconhecer ditaduras latinas de governos de esquerda como sistemas abomináveis é o mínimo de coerência para quem defende a democracia brasileira e combate o bolsonarismo. Os partidos políticos que representam o viés ideológico de esquerda no Congresso Nacional (PT, PCdoB, PSOL, PDT, PSB, Rede, entre outros) elegeram em 2018, 25% menos representantes em relação a 2010, ano do auge dessas siglas nas urnas em território nacional.

Esses partidos fizeram 393 nomes para governos estaduais, Câmara dos Deputados, Senado Federal e para Assembleias Legislativas nos Estados da Federação. Em 2010 (último ano do governo Lula), esse número chegou a 527. Todos esses números são do Tribunal Superior Eleitoral - TSE.

É fato: a Esquerda encolheu na última eleição e é possível que esse quadro se agrave em 2022, caso não haja correção de rumo ideológico. O PV e PC do B foram absorvidos pelo PT como federação por sobrevivência, assim como Democratas foi absorvido pelo PSL e virou União Brasil. A eleição da extrema Direita representada na figura bisonha de Jair Messias Bolsonaro como presidente da República, deveria ser um alerta para a esquerda brasileira.

Se apoiar no Lula como único líder do campo ideológico é um erro que custou caro e vai custar mais, caso a esquerda não evolua suas opiniões em torno da economia de mercado. Parte desse encolhimento da esquerda em 2018 é resultado do sectarismo em torno de temas caros econômicos para a sociedade.

O medíocre ex-deputado federal Jair Bolsonaro atuou por vinte e oito anos no baixo clero da Câmara dos Deputados, no Congresso Nacional e entrou no páreo de 2018 na fantasia de "candidato antissistema". Ele percebeu o "cavalo selado" (jargão político) nas manifestações populares de 2013, enquanto a presidente Dilma Rousseff, o PT e a esquerda brasileira desprezaram a "voz rouca das ruas" (outro jargão político) vinda das manifestações. Enquanto a direita capturava o sentimento legítimo e indignado, a esquerda menosprezava o bater das panelas como manifestação das elites.

O candidato *outsider* captou a insatisfação na sociedade e a fadiga do petismo, após mais de uma década no poder central. O sentimento antipetismo se iniciara sem que a legenda petista e seus grupos de apoio aceitassem a realidade e promovessem a mudança de rumo. O lançamento da candidatura de Jair Bolsonaro aconteceu na noite da aprovação do impeachment de Dilma Rousseff.

Ao exaltar o torturador Carlos Alberto Brilhante Ustra, Bolsonaro se moveu à frente da rainha no tabuleiro do xadrez político e deu xeque ao petismo, mas poucos perceberam. Parecia apenas mais uma bizarrice do deputado folclórico da Câmara. Foi uma jogada de marketing de baixo nível, como eé do perfil dele.

Dali surgiu o personagem antigo da política como se fosse um fato novo com coragem para exaltar a ditadura militar. O eleitor mediano, desapegado dos detalhes da política brasileira e cansado das narrativas da esquerda viu no monstro da lagoa o candidato antipetismo. O Partido da Social Democracia Brasileira – PSDB também ficou para trás na jogada do tabuleiro. O antigo adversário recebeu xeque-mate e em 2018 o candidato Geraldo Alckmin com apoio do Centrão e tudo, foi relegado a índices vexatórios em percentuais de votos.

A fala tosca, ultrajante e abominável de Bolsonaro foi comentada nos veículos de comunicação. A esquerda esbravejou indignada pelo ultraje a rigor do deputado fascista; e quanto mais esbravejava, mais conhecido ficava Bolsonaro, consolidando-se como o candidato mais antipetismo de todos. Absorveu o sentimento popular, vestiu a roupa que lhe caia e atraiu eleitores órfãos do PSDB e demais legendas de centro-esquerda, centro-direita e da extrema direita que estava silenciada até então.

Bolsonaro puxou para si a luz sombria do submundo do extremismo ideológico oposto ao petismo. O caminho da direita extrema foi pavimentado para um retrocesso histórico sem precedentes desde a redemocratização em 1985, sob o comando de um presidente disposto a desconstruir a democracia vigente.

Aécio Neves (PSDB/MG) que seria o candidato natural à presidência em 2018, pelo capital eleitoral de duas gestões como governador de Minas Gerais, foi derrotado pela imagem de corrupto. O neto de Tancredo Neves arrastou o PSDB ao limbo comum dos demais partidos e perdeu a chance de chegar à presidência do Brasil contra a incapaz Dilma Rousseff.

Houve um vácuo de poder e de nomes para disputar a eleição após a passagem do "vice golpista" Michel Temer (*vamos falar sobre isso*). Na política, todos sabem, não há espaços vazios e vácuos de poder; e, se houver, serão ocupados.

Como parlamentar eleito pelo Rio de Janeiro, Bolsonaro nunca conseguiu apresentar um projeto relevante para a sociedade, nem participou ou presidiu comissões. Nunca se arriscou a disputar um cargo majoritário no Rio de Janeiro, limitando-se a ser personagem folclórico do Congresso de ideias estapafúrdias.

Em sua longa passagem como deputado federal, Bolsonaro foi odiado pelas mulheres, pelos homossexuais, pela esquerda e por qualquer pessoa com o mínimo de sensatez. Por vezes, Bolsonaro disse palavras de baixo calão, ofendeu pessoas, ameaçou a democracia, enalteceu torturadores da ditadura militar; enfim, cometeu excessos passíveis de punição e até a perda do mandato.

Exatamente como, para espanto geral na nação, continua fazendo na liturgia do cargo de presidente, onde esse tipo de comportamento não é permitido. Ele sobreviveu aos processos internos da Câmara dos Deputados por falta de decoro. Ele era o "mau deputado" que deveria ter sido extirpado da corporação dos homens públicos eleitos pelo voto popular e direto. Está claro de quanto o corporativismo impediu essa consumação.

Diante de um quadro político desses, surge o questionamento: **Como um político de tão baixa estirpe chegou ao cargo mais alto do país?**

Resposta - Com os erros da esquerda brasileira que se repetem desde a eleição de Lula, no longínquo ano de 2002, passando pela escolha de Dilma Van Rousseff como sucessora do Lula, culminando na falsa e forçada candidatura em 2018 do ex-presidente presidiário Lula e, a cereja do bolo, ao não compor chapa com o coronel cearense, o ex-governador Ciro Gomes.

Bolsonaro venceu o candidato petista Fernando Haddad com a diferença de 10.756.941 de votos válidos. Haddad é um candidato qualificado com currículo acadêmico, boa imagem e boa retórica, mas se permitiu ser manipulado e humilhado como boneco de um político preso (preso político, não) na sede da Polícia Federal em Curitiba. Arrastou com ele a ex-deputada federal Manuela D'Ávila (PCdoB/RS) que, em 2007, foi a deputada federal mais votada do Brasil.

A vice do vice

Depois do vexame nacional de se permitir ser a vice do vice, algo contraditório ao slogan "Lute como uma garota", Manuela perdeu capital eleitoral. Isso é fato e em 2022 a gaúcha não vai disputar mandato eletivo. Ela já expôs as razões em entrevistas e estão relacionadas às questões de ordem pessoal. A explicação é que Manuela recebe ameaças contra ela e a família. Ela é mãe de uma criança pequena e tem medo de sofrer agressões ou de ser morta. Ela iria compor chapa como candidata ao senado pelo RS.

Voltando ao cenário de 2018, é de se questionar por que dois jovens atores do cenário político se permitiram participar de uma candidatura falsa com subalternos de Lula? O culto ao personalismo, a devoção excessiva ao personagem Lula que corroeu e continua corroendo a esquerda brasileira com um ego gigantesco, o enorme apego ao poder e uma prepotência descabida onde não admite a saudável renovação dos quadros da esquerda.

Tanto Manuela, quanto Haddad são qualificados para cargos públicos, mas a chapa Haddad/Manuela levou uma previsível lavada de dez milhões de votos em 2018 do presidente eleito, entregando o país de bandeja para ascensão da ultradireita no país. Assumiu o pior candidato naquela pleito e veio a se tornar o pior presidente da República do Brasil desde a redemocratização em 1985.

A diferença de votos entre ambas as chapas foi muito mais significativa do que os pouco mais de 3,4 milhões entre Dilma e Aécio, em 2014. Quando Dilma subiu ao palanque para comemorar a vitória, nem ela, nem os seus assessores ou os demais personagens que gravitavam em torno do poder modularam o discurso da presidente reeleita. Não houve aceno para o distencionamento, uma palavra ao adversário derrotado ou a tentativa de minimizar a divisão do país naquele momento: "Não acredito que essas eleições tenham dividido o país ao meio", bradou a insensata ex-presidente.

Dilma ignorou as manifestações ocorridas em junho de 2013, quando o "Movimento vem Pra Rua" e o "Movimento Brasil Liberal" mobilizaram a sociedade real fora da bolha da esquerda e do petismo com o slogan: "Não é por 20 centavos" junto com os panelaços. Igual ao que ocorreu na gestão Bolsonaro em 2020 e 2021. A insatisfação popular era visível. Houve alertas de economistas, jornalistas e analistas políticos sobre os rumos do país. Assim como fazem com o presidente atual.

Mas onde falta competência, falta bom senso. Não apenas a ex-presidente, mas o Partido dos Trabalhadores e seu seguidores fanáticos ignoraram as manifestações nas ruas, chamando-as de movimento das "elites", "direita reacionária", "oposição" e outras tolices negacionistas.

Assim como os fanáticos de Bolsonaro chamam os panelaços de esquerdistas, comunistas, diabo à quatro. Para os fanáticos, nunca é a sociedade se manifestando, alertando, avisando dos erros cometidos e da insatisfação. O panelaço, que a esquerda mais tarde usaria como instrumento de protesto contra o governo Bolsonaro, foi rechaçado quando usado contra o governo Dilma Rousseff.

A Lava-Jato de Curitiba em sua bem-sucedida trajetória de combate à corrupção no país, apontou o Partido dos Trabalhadores como organização criminosa e o ex-presidente Lula como o "chefe que sabia de tudo" na Petrobrás. A operação expôs a conivência do governo Dilma. Junto veio a crise econômica com a revelação da presidente de que as contas do país não estavam tão bem quanto proclamara na campanha à reeleição.

O processo de impeachment foi o ápice dos erros cometidos pelo petismo e pela gestão Dilma Van Rousseff. Atribua-se ainda à incapacidade emocional da ex-presidente em lidar com o vice-presidente Michel Temer e a base aliada do PMDB faminta por cargos. Tudo isso é por demais conhecido, mas o importante é confrontar o leitor com o paralelo de Jair Bolsonaro.

A questão atual é se a esquerda brasileira consegue enxergar os erros do passado ao se deparar no presente com a direita fanática em torno de Jair Bolsonaro.

Reflecão

Esquerda consegue tirar lições ao se deparar com os extremistas da direita usando o "antiesquerdismo" da mesma forma como a esquerda usou o termo "reacionário" para qualquer um que ousasse criticar Lula e não compactuasse com o "culto ao lulismo"? Qual é a diferença e a semelhança entre os dois grupos?

A viseira ideológica de só enxergar a bolha para dentro, de cultuar o bandido de estimação e a insensatez que é o culto ao personalismo são elos entre os extremistas. Mudam-se as figuras políticas, mas o fanatismo e a crença desmedida são iguais. A eleição de Bolsonaro e seus fanáticos apoiadores, agora denominados "gado", deveria servir de espelho.

Na Era pré-Bolsonaro, o PSDB foi o inimigo número um da esquerda. Descobriu-se que o inimigo mais selvagem estava escondido sob a lama da ignorância. Hoje, o PSDB representa o campo de centro-direita, apesar de as origens do partido ser de centro-esquerda e formado por intelectuais paulistas, muitos deles exilados durante o regime militar.

Sectarismo X Libertação

O sectarismo da Esquerda é como paralisia cerebral numa apática negação à realidade de grupos presos em conceitos antigos, anacrônicos e ultrapassados do mundo real dos países desenvolvidos; membros da Organização para a Cooperação e Desenvolvimento Econômico – OCDE; da socialdemocracia nórdica, evoluída no mundo Ocidental; da economia liberal europeia e norte-americana.

No Brasil a insistência em se desvirtuar em modelos econômicos desastrosos, longe da cartilha da economia liberal, se afasta do futuro. Narrativa não é realidade, nem recurso público é dinheiro privado de governos incompetentes e corruptos. A insistência de grupos extremos em se vitimizar, enquanto cometem crimes com imposto do contribuinte é prática da esquerda e da direita brasileira.

Grupos ideológicos presos em desvarios de mudar o mundo, só afasta o país da aldeia global e do capitalismo de resultados; único modelo econômico capaz de sustentar a justiça social para os mais vulneráveis e oferecer oportunidades de escala social e econômica, desejo racional de todo ser humano.

A socialdemocracia é o sistema que garante economia liberal, liberdade individual, democracia plena, imprensa livre e instituições fortalecidas. O Estado menor e mais eficiente, focado em educação, segurança, saúde e justiça social com menos interferências políticas de governos alternados. Programas sociais como o Bolsa-Família deveriam ser programas de Estado, não de governos para evitar uso político.

Sobre a origem do Bolsa-Família

"Caciques tucanos e democratas, ao destacarem as ações sociais da ex-primeira-dama ao longo dos oito anos do governo do ex-presidente Fernando Henrique Cardoso, reivindicaram para ela o título de mãe do Bolsa Família. Para os oposicionistas, a política social do governo Lula representa a continuidade do que o tucano emplacou com a colaboração de D. Ruth. O maior legado da ex-primeira-dama, e que ela sempre fez questão de mencionar em suas raras entrevistas, foi o Comunidade Solidária, projeto social criado e presidido por ela em 1995 e os programas Bolsa Alimentação e Bolsa Escola".

(**FONTE**: *Título: E a origem do Bolsa Família? Autor: Falcão, Márcio; Jornal do Brasil, 26/06/2008, País, p. A3; Brasília).*

- Por que Lula da Silva não estadualizou o programa social que reuniu o Bolsa-Escola e o Bolsa-Alimentação; nem reconheceu à origem e deu os créditos à antropóloga Ruth Cardoso, esposa do ex-presidente Fernando Henrique que havia lhe passado a faixa, num gesto de união? A história é um filme, não uma fotografia. É preciso acertar as cenas iniciais para um desenrolar seguro e um desfecho feliz.

Não é por vinte centavos

As manifestações de 2013, menosprezadas pelo petismo e afins como "coisa da elite, da FIEPE, do MBL e da classe média" foi aplaudida e acolhida pelos setores da direita, ressabiados diante da narrativa "Nós e Eles", à qual o populista Lula repetia com frequência nos palanques para a bolha da esquerda. O brasileiro de comum de classe média que não ia às ruas protestar, saiu de casa com a bandeira do Brasil sobre os ombros em meio à crise que entrara sem suas casas e contra o governo medíocre de Dilma Rousseff.

A presidente e os setores da esquerda que a apoiavam negaram as evidências da corrupção em ambos governos petistas, enquanto a Operação Lava-Jato descortinava mentiras e revelava verdades. A defesa da tropa era garantir a honestidade pessoal de Dilma, apesar de cúmplice dos crimes dos companheiros. Culpar a Operação Lava-Jato, os procuradores, o juiz federal, o vice, o candidato derrotado de Minas Gerais, o PSDB foi a negação do petismo à realidade dos fatos. Isso não e muito diferentes do que fez o bolsonarismo diante da Pandemia Sars-Cov2 / Covid e da desconstrução do STF, enquanto instituição jurídica. Mudam-se os atores e as motivações, mantêm-se o desvario ideológico em torno da causa e do personagem messiânico.

Enquanto o petismo desmoronava sob o negacionismo dos fatos, das provas e das instituições judiciais, a sociedade composta de gente comum aplaudia o esforço dos procuradores e da 13ª Vara de Curitiba sob o comando de Sérgio Fernando Moro. A sociedade caminhava para um lado, enquanto a esquerda caminhava para o lado inverso, sem aceitar a mudança que o país exigia. Inclusive na área econômica, entregando de bandeja o discurso liberal de reduzir o Estado, privatizar estatais e fazer as reformas estruturais.

Negacionismo

A negação à realidade é uma chaga do populismo e pautou o sectarismo da esquerda brasileira, similar ao que vemos no bolsonarismo. Diante das evidências, dos fatos, da realidade e das notícias na imprensa profissional, os fanáticos do lulismo preferiam o autoengano da notícia parcial de blogs como 247, DCM, Forum, O cafezinho, entre outros. Agora os convertidos ao bolsonarismo consomem informações em grupos de Whats App reunindo a nata do famigerado "tiozão do Zap", uma bolha assustadora onde impera o baixíssimo nível intelectual sem chance ao debate racional.

Para além dos aplicativos de mensagens, a disseminação cavalar de *fake news* nas redes sociais, produzidas pelo "Gabinete do Ódio", sob o comando do "Filho 02". *(FONTE: bbc.com "Carlos Bolsonaro: quem é o 'filho 02', o polêmico gestor das redes sociais de Bolsonaro". João Fellet, BBC News Brasil, em São Paulo, 14/052019)* e os bizarros programas na plataforma *YouTube* determinam a verdade absoluta do bolsonarismo. O grupo da ultra direita copiou o que há de pior na propaganda Goebbels do petismo e aperfeiçoou para uma máquina azeitada em destruir reputações.

Negar fatos, lutar contra dados de instituições e desmoralizar agentes públicos e privados foi executado pelo Partido dos Trabalhadores ao longo dos treze anos das administrações Lula/Dilma. Sérgio Moro e Deltan Dallagnol são apenas os mais recentes e atuais açoitados. Antes deles, o ministro Joaquim Barbosa sofreu horrores como relator do mensalão no Supremo.

Este autor vivenciou uma cena lamentável num restaurante no horário do Jornal Hoje. Ao aparecer Joaquim Barbosa numa cena sobre o julgamento da Ação Penal 470 (mensalão), o sujeito que estava na mesa para uma conversa informal sobre trabalho, levantou-se apontando o dedo para a televisão e chamando o ministro de idiota. Pedi para ele se conter e se sentar. Fanatismo explícito, infantil e patético.

Gado

Esse tipo de comportamento é similar ao dos seguidores fanáticos de Jair Bolsonaro. Acreditar no mito a qualquer custo, sobre todas as evidências. Rejeitar a vida real para bradar narrativas ideológicas que se tornam insustentáveis, cansativas e destrutivas diante da realidade.

Negar a realidade ou formar uma realidade a partir da sua visão de mundo não é saudável, nem producente para si mesmo, nem para a política brasileira. Dar um passo atrás, reconhecer erros e fazer autocrítica é sinal de maturidade. O verdadeiro estadista não quer fanáticos gritando palavras de ordem, nem ser adulado como se fosse uma entidade.

O estadista exerce a liderança sem limitações partidárias, governando não para grupos afinados, mas para todos os gupos de uma Nação. Estadista é algo que o Brasil não tem desde a presidência de Fernando Henrique Cardoso (1995-2001). O jurista Michel Temer, reservadas as devidas vênias criminais, comportou-se como estadista em seu curto mandato de dois anos. Muitos torcem o nariz para os dois anos de Temer na presidência, mas ele entregou o país em melhor condição do que recebeu de Dilma.

Temer deixou reforma da previdência pronta e executou o teto de gastos. Foram duas medidas fundamentais para o ajuste fiscal das contas públicas e para sinalizar ao investidor estrangeiro e nacional que o país não estava insolvente. O eleitor de Dilma Rousseff e Lula da Silva pode não entender ou não concordar, mas é a realidade. A economia real funciona assim.

Reflexão

Qual futuro pode ter um segmento político que não aceita ideias ou ideais que não estão do seu lado ideológico? Só é válido o pensamento hegemônico? 'Tudo o que não representar o pensamento da esquerda é reacionário; e tudo o que não representar o pensamento da direita é comunista? Não são bolhas muito rígidas para se prender?

Falácias da Guerra Fria

Parte da bolha da esquerda brasileira tem ojeriza ao "liberalismo econômico". Soa-lhes como um palavrão, assim como "privatização". Essas linhas do pensamento econômico do capitalismo e outros sistemas econômicos ortodoxos foram entregues de bandeja ao campo ideológico da direita. Como se um sistema econômico tivesse dono ou fosse uma única fórmula para todos os países; ou ainda como se a economia liberal e o capitalismo fossem sistemas injustos, "malvados" com o trabalhador, onde não a justiça social está excluída e as pessoas mais vulneráveis não são atendidas pelos governos que adotam o sistema comum a todos os países. O capitalismo e a socialdemocracia andam juntos de mãos dadas no parque, felizes da vida. No mundo globalizado, a democracia está presente nos países capitalistas e o autoritarismo está ligado aos países com sistemas. Basta ver o cenário atual da Coreia do Norte, Venezuela, Nicarágua, Cuba, Venezuela e outras republiquetas menos cotadas em países do continente africano. No Oriente Médio há o capitalismo com autoritarismo, mas naquela região há as peculiaridades do principado e outros esquemas fora do contexto do mundo ocidental.

As falácias da Guerra Fria do passado enterrado pelos países ocidentais continuam sendo vendidas pela esquerda como verdades absolutas. O "nojinho" ao capitalismo, ao liberalismo e à privatização é similar à ultradireita que não suporta ouvir falar em socialismo e comunismo, como se esses sistemas dominassem o mundo. Quem domina o mundo é o capitalismo, a globalização e a socialdemocracia.

Comunismo é uma aberração anacrônica enterrada na Europa em 1991, depois da queda do Muro de Berlim e do líder russo Gorbatchov dissolver a União Soviética. Na prática, comunismo não existe no mundo atual, nem nunca existiu ou existirá no Brasil. A ultradireita ligada ao bolsonarismo sobrevive de espalhar esse medo, enquanto parte da esquerda sectária delira em acreditar na utopia comunista. A sociedade brasileira precisa se livrar de ambos delírios ideológico.

A economia global é a economia de mercado. O sistema social de troca de bens a partir da livre iniciativa, sendo a troca realizada através de dinheiro. As variantes internacionais mudam, mas não há possibilidade no mundo atual de qualquer país funcionar sem a economia de mercado internacional. Tirando a exceção do estado totalitário-comunista da Coreia do Norte, comandada há três gerações pela família Kim Jon.

Estados autoritários são diferentes do sistema comunista que é totalitário em sua natureza. Esses países são insignificantes diante do mercado exterior eclipsado pela China, EUA, União Europeia e os países asiáticos. Esses blocos comandam o mundo real. Tudo seria mais simples se o mundo fosse um só, como preconizou John Lennon, mas não é.

Estocando vento

O Brasil perde tempo e oportunidade estocando vento, quando tem vocação para ser protagonista como um dos maiores produtores de alimento do planeta e protagonista na área ambiental. A esquerda se retroalimenta do discurso anacrônico reforma agrária, golpe, socialismo, entre outras pérolas do passado. O discurso ufanista "A Amazônia é nossa" é retrógrado e similar ao "Petrobrás é nossa". É tão anacrônico que chega a ser piegas.

A esquerda brasileira deveria se espelhar na China e ter coragem de romper com o comunismo e aceitar o capitalismo como sistema. Claro, a China é uma mistura de sistemas, mas avançou diante do país fechado que foi no passado de Mao-Tsé-Tung. O Brasil fica preso a um nacionalismo tupiniquim que beira o simplório.

Um país complexo de 200 milhões de habitantes e mais de 12 milhões de desempregados (IBGE, 2022) não pode se dar ao luxo de manter uma estatal petrolífera suscetível à corrupção e às tentativas de intervenções políticas de governos de esquerda e direita. Na iniciativa privada, a Petrobrás seria empregadora com contratações técnicas, ações menos voláteis na Bolsa de Valores e recursos externos robustos.

Correios, Banco do Brasil, Caixa Econômica, entre outras estatais são exemplos de como a ideologia socialista do "Estado grande" é prejudicial à economia liberal. O Estado não precisa gerir essas estatais. O Estado não é empregador, a iniciativa privada sim. Como um país como tantos desempregados mantém cerca 44 estatais (Dados de 2022) em funcionamento, muitas com prejuízo e inúteis.

O custo do funcionalismo não é pouca coisa e a influência política das categorias menos ainda. Os sindicatos atuam junto aos parlamentares em benefício próprio, em busca de vantagens fora da realidade do trabalhador da iniciativa privada. Não se trata de demonizar o funcionalismo, mas de racionalizá-lo. Não é simples livrar-se das estatais, porque muitas delas, a exemplo da Petrobrás, dependem de aprovação em votação no Congresso Nacional. Como deputados e senadores representam o eleitor, é preciso mudar a mentalidade da sociedade para que essas mudanças estruturais na economia aconteçam.

Capitalismo do bem

O mundo é capitalista e a melhor maneira de o Brasil sair da armadilha ideológica em que se meteu é virar a chave para a realidade. Fazer justiça social é gerar emprego e prosperidade para a sociedade como um todo, oferecendo oportunidades com educação básica e cursos técnicos, renda mínima para famílias em extrema pobreza e a promoção do bem-estar amplo na sociedade por meio da riqueza produzida por ela, a sociedade. O **PIB Social**, onde todos são a parte de um todo na produção do capital versus trabalho remunerado.

Nenhum país consegue sociedade justa com estatais inchadas de funcionários públicos que custam caro e são menos produtivos que o trabalhador da iniciativa privada. É uma generalização, mas há essa percepção na sociedade. Se a imagem do funcionalismo é de categoria privilegiada, alguma razão deve ter a percepção popular.

Políticos de esquerda não admitem qualquer política pública que mexa no status quo do funcionalismo em busca de qualidade e produtividade. Preferem manter a narrativa do estado empregador e, por isso, a reforma administrativa não se realiza.

Privatização, estado mínimo e ajuste fiscal não entram nas propostas das legendas de esquerda em eleições. A direita se apropria do discurso liberal pautado na realidade econômica e sintoniza com a sociedade real, fora da bolha ideológica. A direita sequestrou a pauta econômica viável e real.

Parte da vitória de Jair Bolsonaro na eleição de 2018 se deve ao discurso do liberalismo econômico; que não se concretizou. Ficou muito aquém das promessas e o posto Ipiranga ficou reduzido a lojinha de conveniência.

Bolsonaro venceu Fernando Haddad (PT) com 55,13% de votos válidos num total 57.796.986 de votos úteis (FONTE: Agência Brasil). Mesmo se tirar uns 30% de fanáticos, sobram bons 25% de eleitores que aderiram a promessa que não se cumpriu.

Por que diabos a esquerda brasileira continua punindo parlamentares que se libertam do anacronismo e radicalismo e votam alinhados com a pauta econômica liberal? Não é traição, é racionalidade. Gabeira traz em seu livro o embate que teve com a esquerda, quando era deputado federal, no período de privatização das telefônicas no governo FHC, concretizada em 29 de julho de 1998. Não apenas o Partido dos Trabalhadores, mas toda esquerda fez barulho e votou contra a maior privatização do setor de telecomunicações ocorrida no mundo até então. Foram doze leilões consecutivos na Bolsa de Valores de São Paulo.

"O Partido dos Trabalhadores travou verdadeira guerra contra a venda das estatais, que hoje está documentada no acervo do Centro Sérgio Buarque de Holanda. "A privatização do Grupo Telebrás é uma questão de soberania nacional", dizia a carta do então presidente da legenda, José Dirceu", admite o texto no site da Fundação Perseu Abramo, mantida pelo PT.

O texto termina com uma suspeição sobre o processo: "O então presidente da Câmara, Michel Temer rejeitou o pedido de instalação da CPI, apesar das mais de 1 milhão de assinaturas a favor da investigação da privatização e do envolvimento do presidente Fernando Henrique. (Michel) Temer declarou à época que o abaixo-assinado não tinha força legal. As irregularidades nunca foram apuradas".

Algumas passagens desse episódio importante dos embates ideológicos entre esquerda e direita na história da política brasileira estão no livro Gabeira: "uma deputada de esquerda se enrolou na bandeira brasileira...". Acelere o tempo para 2022 e você terá bolsonaristas fanáticos fazendo o mesmo durante a tentativa de golpe do presidente contra a democracia e em passeatas pedindo a volta da ditadura militar. O nacionalismo exacerbado é prejudicial à compreensão do mundo como um organismo único e trata o país como a limitação territorial do egoísmo cívico.

Em outro trecho Gabeira avalia essa resistência à privatização: "Era a visão ideológica da supremacia do Estado... Não faltavam argumentos aos defensores da telefonia estatizada. Desde a visão ideológica de manter com o Estado um serviço estratégico até o medo de que os preços dos telefones em mãos privadas fossem altos a ponto de excluir os mais pobres".

Gabeira conta sobre como foi repudiado pela esquerda e os seguidores fanáticos por se posicionar contra a orientação contra a privatização. "No avião de volta para o Rio, senti as primeiras consequências de minha posição sobre a quebra do monopólio estatal das telecomunicações. Uma mulher de meia-idade...passou no corredor, olhou para mim e disse em voz alta: traidor".

Segundo o ex-deputado e escritor, essa dificuldade da esquerda brasileira com tudo o que envolve privatizações de estatais está ligada à "visão ideológica da supremacia do Estado". No caso das telecomunicações, o autor que votou a favor de privatizar o setor, explica: "(o Estado) não tinha pernas para acompanhar o ritmo das pesquisas tecnológicas nem folego para os investimentos que demandavam". Numa analogia entre este caso de 1998 e a Eletrobrás em 2022, a ideologia sectária sobre o tema continua inalterada. O líder do PSOL, Guilherme Boulos num debate na CNN Brasil seguiu a mesma linha de raciocínio dos companheiros do passado, assim como candidato a presidência Lula da Silva que em mais um surto de mentira populista bradou que iria reveter a privatização.

Mais de duas décadas separam a privatização da Telebrás da Eletrobrás e o comportamento da esquerda continua a mesma, mesmo com a realidade atual mostrando o erro do passado. E o que a esquerda faz? Repete os erros sem reconhecer que os argumentos contra a telefonia privada estavam errados. Pedir desculpas a Gabeira, nem pensar.

Na mesma toada, a reforma da previdência era fundamental para modernizar o sistema previdenciário, assim como a reforma trabalhista, a tributária e administrativa, ambas que não ocorreram, mas irão, porque o país precisa delas. A privatização da Eletrobrás foi importante e, quem sabe, a da Petrobrás num futuro breve.

Se a esquerda continuar embaraçando os avanços fiscais e econômicos necessário ao Brasil com discursos anacrônicos não haverá justiça social a ser feita, porque não haverá recursos disponíveis para fazê-la. Em termos políticos, entrega de graça a pauta aos adversários do campo ideológico oposto.

Apropriar-se do discurso

A esquerda brasileira deveria fazer um pacto com a realidade fiscal e econômica do Brasil e modular o discurso da economia liberal junto à justiça social, as bases da social democracia e aproveitar para abandonar discursos autoritários como "regulação da mídia".

A esquerda deve se apropriar da pauta econômica atual, libertar-se das narrativas antigas contra privatização, concessões e outros desvarios, sem abandonar o discurso de cuidar da base social mais vulnerável.

É uma forma de trazer o compromisso da responsabilidade fiscal junto a social. Para modular o discurso é preciso acreditar na redução do Estado que não significa estado mínimo, mas estado eficiente. Um estado com recursos disponíveis para investir na gestão de áreas que realmente importam: educação, saúde, segurança pública, meio ambiente e programas sociais.

A esquerda precisa "roubar" a narrativa da direita bolsonarista que se fingiu de liberal, mas é reacionária nos costumes. Se a esquerda quer angariar votos do eleitor de centro, isso precisa estar atrelado a algo concreto, não em narrativas. O convite para Geraldo Alckmin ser vice de Lula na chapa 2022 tenta passar esse recado.

A Carta do Lula

Luís Inácio Lula da Silva já havia acenado ao centro democrático em sua quarta tentativa à eleição presidencial, depois de perder em 1989, 1993 e 1997. Lula conseguiu se eleger quando deu segurança sobre suas intenções na economia do país e deu confiança ao eleitorado com a publicação da "Carta ao povo brasileiro", em 22/06/2002.

O documento foi produzido para acalmar o Sr. Mercado (leia-se investidores nacionais e estrangeiros; não, crianças, eles não são malvados) e o eleitor comum de classe média, o formador de opinião que ajuda a dar credibilidade aos candidatos a presidente da República.

Óbvio que não foi o candidato Lula quem escreveu a Carta. A ideia foi concebida pelo marqueteiro Duda Mendonça e pelo mentor intelectual José Dirceu. A vitória de Lula foi um momento histórico para esquerda brasileira que seria desperdiçada pelo próprio Lula e o PT com seus escândalos de corrupção; e, oito anos depois, com a indicação de Lula para eleger Dilma Van Rousseff, a pior candidata dentro da legenda. Mas isso Lula sabia.

A primeira presidente mulher do Brasil mudou o tripé econômico do Plano Real para criar o bisonho e risonho plano "Nova Matriz Econômica". Num resumo simplório, significava gastar recursos públicos sem pensar no amanhã com o pomposo nome de "governo desenvolvimentista".

Na prática era a gestão do endividando do Estado, ignorando o superávit fiscal e o tripé econômico da inflação dentro da meta, dólar flutuante e juros baixos. O mesmo tripé econômico do Plano Real que foi mantido por Lula em seu mandato, tendo no Banco Central o liberal banqueiro Henrique Meirelles que foi do PSDB e PMDB.

Dilma foi líder em ignorância, falta de capacidade cognitiva, intelectual e despreparo para o cargo de presidente do Brasil. Até Jair Bolsonaro assumir em 2019 e conseguir sem muito esforço, superá-la em bizarrices presidenciais. Respeitando as diferenças ideológicas entre eles, ambos cometeram o mesmo erro de não aceitar a vida como ela é.

Dilma tentou ser presidenta e ministra da economia, impondo suas ideias estapafúrdias. Bolsonaro aperfeiçoou o método e virou ministro de todas as pastas, errando como se fosse uma criança de cinco anos na gestão. Mas era só um monstro sem escrúpulos.

Amigo, por favor leve esta carta

De volta à "Carta ao Povo Brasileiro", nela, o então candidato Lula garantia manter os pilares da política macroeconômica do presidente Fernando Henrique Cardoso. O Plano Real foi criado quando ele era ministro da Fazenda na presidência de Itamar Franco. O leitor encontra esse documento nos sites de busca.

A "Carta ao Povo Brasileiro" dá garantias do candidato Lula: "A*s mudanças que forem necessárias serão feitas democraticamente, dentro dos marcos institucionais".* Havia o "medo" (relembre Regina Duarte, em 1989) de que o governo Lula da Silva implantasse um regime socialista nos moldes cubano.

A Venezuela ainda não havia se esfacelado sob a ditadura Chavista. Na Carta, Lula assume o compromisso de manter a base macroeconômica criada no governo Itamar Franco. O princípio do tripé econômico do Plano Real, câmbio flutuante, metas fiscais e metas de inflação é simples e eficaz com o

Banco Central atuando com independência e protagonista nas diretrizes.

Por isso, Lula convidou o banqueiro Henrique Meirelles para a presidência do BC, ocupado pelo então filiado do PSDB por oito anos do mandato do líder máximo da esquerda brasileira. Evidente que parte dos sectários do petismo se revoltaram com a medida, mas o êxito na eleição mostrou que Dirceu e Duda estavam certos.

Ou seja, na prática Lula montou um governo liberal dentro do pragmatismo e da racionalidade do Sr. Mercado e fez discurso para os fanáticos que viram como "ele foi obrigado a fazer". Já o "Lulinha paz e Amor" foi o personagem vendido para a classe média sem o discurso de ódio contra as "elites".

Duda Mendonça é ótimo profissional da propaganda. Ele criou roupagens novas para um mesmo produto na prateleira e deu certo. Mas quando não se muda o conteúdo, o produto tende a perder a credibilidade com o tempo. Isso ocorreu com Lula da Silva, apenas dois anos após ser eleito, quando em 2004 explodiu o Mensalão.

Mirem-se no exemplo

Nos Estados Unidos, os Democratas representam a "esquerda americana" e são chamados de liberais. O candidato *outsider* Bernie Sanders é considerado mais à esquerda dos Democratas. Então, podemos classificar os Democratas como o partido centro-esquerda com foco na socialdemocracia. Esse seria o caminho para legendas de esquerda e direita brasileira não extremadas seguirem em um novo momento no Brasil, em contraponto à polarização entre os grupos de Lula e Bolsonaro.

Nos EUA, as divergências entre democratas e republicanos estão ligadas às questões sociais como saúde pública, legalização do aborto, descriminalização das drogas, racismo, entre outros temas de valores da sociedade. Um sujeito como Donald Trump com toda arrogância e temperamento ditatorial, nunca se encaixaria entre os democratas.

Não por acaso, os ex-presidentes Bill Clinton, Barack Obama e Jimmy Carter representam a melhor imagem dos EUA no exterior, onde há afetividade, diálogo e acolhimento junto aos demais líderes mundiais. Nomes populares ligados às causas socioambientais como Al Gore e Jimmy Carter são considerados ícones.

Mesmo o primeiro nunca ter sido eleito (perdeu para George w. Bush) e o segundo não ter obtido a reeleição. Carter recebeu o Nobel da Paz em 2002; Obama, em 2009 e Al Gore é uma das referências mais importantes nas questões ambientais globais.

Numa analogia simplista entre líderes democratas e republicanos com os populistas Lula e Bolsonaro, o primeiro sempre teve facilidade de interagir com chefes de estados no exterior. Bolsonaro, numa imitação rasteira de Trump, criou uma barreira ideológica intransponível e ambos os presidentes conseguiram ser "*personas non grata*" no exterior.

Na verdade, Bolsonaro se constitui em "vergonha alheia" para o Brasil, diante de sua postura negacionista, bélica, genocida na saúde, na falta de empatia com vidas humanas e seu descaso com o meio ambiente. Parte dessa rejeição vem da forma nacionalista e limitada como o segmento da ultradireita lida com questões globais sensíveis como meio ambiente, valores sociais, imigração, entre outros temas relacionados a direitos humanos.

A falta de humanidade de ambos os presidentes é contraproducente e antipática para um líder. Não é exagero afirmar que tanto o governo Bolsonaro, quanto o governo

Trump retomam um passado medieval presente da Idade Média, pré-Iluminismo.

Nos EUA, Donald Trump exaltou a indústria do carvão e desdenhou do aquecimento global. No Brasil, Bolsonaro age como se vivesse na idade média com atitudes estapafúrdias que beiram a insanidade.

É a economia, estúpido

O fato é que o Brasil tem muito que aprender sobre a relação entre os extremos ideológicos, reduzindo-os às questões pontuais da política social, não econômica. A economia precisa estar acima da bizarrice das ideias, cujo Estado democrático de direito permite a liberdade de expressão, dentro dos limites constitucionais e institucionais.

Esse é o ponto de equilíbrio para o surgimento de uma **Nova Esquerda**. Manter o discurso da justiça socioambiental, mas não subverter a lógica da matriz econômica que dá sustentação ao capitalismo e à economia de mercado. Capitalismo não é um monstro abominável disposto a ser injusto com os mais vulneráveis.

O capitalismo é mais democrático que o socialismo em relação às liberdades individuais, menos burocrático na rotina do cidadão e com maiores oportunidades de ascensão social para o conjunto da sociedade.

É uma questão de encontrar equilíbrio entre os pontos positivos do capitalismo na gestão pública e os pontos positivos do socialismo no atendimento aos mais vulneráveis. Só se faz justiça social com dinheiro e o Estado não produz riqueza. O Estado se beneficia dos lucros gerados pelo capitalismo e cabe ao grupo político socializar esses lucros em benefício da sociedade como um todo, em especial nas áreas sensíveis da saúde, educação, cultura, segurança, infraestrutura, meio ambiente. Estado não precisa gerar estatais, precisa obter o lucro delas para socializar com a população.

O Brasil é um "país fechado" com barreiras para o livre-comércio bilateral e dificuldades de abrir o mercado para investidores estrangeiros em todas as áreas. O Mercosul discute há duas décadas a relação com o bloco da União Europeia sem chegar a uma definição. Parte do problema está nos países de viés ideológico à esquerda no continente sul-americano.

O acordo TransPacífico (*Trans-Pacific Partnership, TPP; livre-comércio estabelecido entre doze países banhados pelo Oceano Pacífico*) foi ignorado pela então presidente Dilma Rousseff por mera ideologia socialista. Ela se alinhou ao bloco dos países com viés da esquerda e o Brasil ficou de fora de um importante acordo comercial de livre-comércio com EUA, Chile, Colômbia e Panamá. A ex-presidente recebeu as informações da importância do acordo, mas quando não se é um estadista ou quando não se está à altura do cargo, deixa-se passar oportunidades.

A **Nova Esquerda** brasileira poderia es espelhar nos governos liberais e desburocratizados da Coreia do Sul, Singapura, Hong Kong, Japão, entre outros. Há pobreza e riqueza nesses lugares. Alguns muito pobres, outros muito ricos, mas há oportunidades de ascensão social e crescimento material para todo, seja pela educação formal ou pelo trabalho e o empreendedorismo.

Países de economia liberal desburocratizam as relações de trabalho e de empregabilidade. Pode-se debater se isso é bom ou ruim, mas o fato é que ninguém sai da Coreia do Sul para viver na Coreia do Norte ou abandona a ensolarada Flórida para viver sob os ventos alísios da ilha caribenha de Cuba. Um país estatizado está mais propenso à corrupção pelos agentes públicos e a dificultar a vida do cidadão.

A cegueira ideológica

Passados seis anos do impeachment de Dilma Rousseff, parte dos que gritaram "golpe" ainda não entendeu o crime fiscal, popularmente chamada de "pedaladas". O alegado golpe parlamentar nunca foi golpe, mas um processo político com base no fato jurídico de o governo dela usar empréstimos de bancos públicos para mascarar o enorme déficit fiscal.

Enquanto a presidente gastava feito louca e concedia benefícios e subsídios como se não houvesse amanhã para vencer a eleição de 2014, o déficit fiscal no país aumentava apontado um amanhã sombrio. Logo após a eleição, a então presidente admitiria isso, negando o discurso que fizera enquanto candidata à reeleição.

Usar os bancos públicos para encobrir o déficit fiscal, rolando a dívida púbica é crime fiscal previsto em lei. Essa foi a base jurídica prevista na Constituição do país. O resto foi o processo político envolvendo o vice-presidente Michel Temer (MDB/SP), o Congresso Nacional e o povo na rua indignado com a corrupção sistêmica do PT, na Petrobrás, revelada pela Operação Lava-Jato.

Tivesse a economia indo bem, a inflação sob controle e o PIB com gráfico apontado para cima, a mulher de vermelho que habitava o Palácio da Alvorada, em Brasília, talvez tivesse superado.

É a economia, estúpido

Uma das frases mais sábias já criadas no marketing político. (O marqueteiro de Clinton, James Carville, apostou que George W. Bush não era invencível com o país em recessão e cunhou a frase que virou case de marketing eleitoral: "É a economia, estúpido!")

Tchau, querida

Tivesse Dilma Rousseff alguma capacidade cognitiva ou algum raciocínio cartesiano teria seguido a cartilha macroeconômica do Plano Real, como fez o padrinho Luiz Inácio Lula da Silva nos dois mandatos presidenciais. Tivesse juízo, ela nunca teria criado o delírio da "Nova Matriz Econômica", ironizada pelos analistas e, quem sabe, tivesse salvado o mandato.

Sim, ela teria que aceitar as mudanças de rumo para o liberalismo econômico, a abertura do país em acordos bilaterais e rejeitado tudo que representa a falência do socialismo na América Latina. Dilma e o partido que ela representa teriam que ter trabalhado em alinhamento aos ajustes sugeridos por Joaquim Levy, sua última chance de sobrevivência política.

A ex-presidente não é a única culpada em seu declínio político. O Partido dos Trabalhadores e as demais legendas subjugadas à bolha ideológica do sectarismo, presa em conceitos econômicos sem base racional, são cúmplices na derrocada da ex-presidente e no impeachment. É fácil gritar "gópi", sem reconhecer erros, fazer *mea* culpa e autocrítica.

A culpa não é das estrelas, nem da oposição
Governos medíocres, assim como pessoas medíocres, culpam os outros pelos próprios erros cometidos. O governo ultradireita de Jair Bolsonaro é a prova de que incompetência não é mérito apenas da esquerda, mas do sectarismo e extremismo encravado na mente de suas lideranças.

O fracasso da gestão Dilma Rousseff não foi culpa da direita reacionária, do PSDB, dos procuradores da Lava-jato, Sérgio Moro, do golpista Temer, do porteiro do prédio de madame destronada, nem do ET de Varginha, com todo respeito. A culpa do impeachment é da própria ex-presidente, de Lula que a indicou e da legenda partidária à qual ela é filiada.

O jogo político é jogado todos os dias e no Brasil, sabe-se, não é para amadores. Se não aguenta, melhor nem descer ao playground. Mesmo sabendo do jogo político brasileiro, Lula da Silva que sabe jogar, driblar e vencer, inventou a mentira-marqueteira da "gerentona" para Dilma Rousseff.

Se este livro fosse postagem em rede social, incluiríamos um "*kkk*", depois da frase "gerentona". Dilma pode ser qualquer coisa, menos gerente de alguma birosca. Dilma é um Jair com vestido vermelho na margem contrária do rio ideológico. Lula foi contra a avaliação racional do próprio partido. O PT não queria madame Rousseff como protagonista do severo jogo político da eleição presidencial de 2010.

Assumir erros e fazer autocrítica deveria ser o primeiro passo para recomeçar o jogo, mas o Partido dos Trabalhadores em sua notória prepotência se recusa a fazê-lo. A eleição de 2022 é um pleito fundamental para catapultar Jair Bolsonaro do Palácio da Alvorada. O pior presidente desde a redemocratização conseguiu a façanha de ser pior do que Dilma Rousseff. Não é pouca coisa.

Humildade é Virtude
É disso que tratamos neste ***ensaio sobre a cegueira ideológica da esquerda brasileira***. O sectarismo do PT não permite a humildade de mudar os rumos da trajetória histórica da legenda. A autocrítica poderia reduzir o sentimento antipetismo

no país que contamina o campo da esquerda e é usado pelo bolsonarismo de ultradireita como estratégia política.

Recomeçar o jogo com novas estratégias e nova mentalidade global de uma esquerda arejada, moderna, engajada no mundo globalizado, onde não há muros entre "Nós e Eles". Onde a economia liberal dita os rumos da sociedade Ocidental em nome da justiça social, do combate à pobreza e às desigualdades sociais.

A missão dessa obra é buscar a reflexão do campo ideológico da Esquerda, deixando de lado a vitimização e a polarização com os adversários por tudo o que acontece de ruim no país. Sem olhar para dentro, nem se interiorizar no compromisso da renovação, do equilíbrio, da humildade e do bom senso, a esquerda vai continuar no culto ao personalismo em torno de Lula da Silva e sem a saudável renovação dos quadros, tratando-o como um "salvador da pátria" contra inimigos imaginários, tal qual à extrema direita que assumiu o poder.

A democracia é democrática
Quem bate no peito para dizer "sou de esquerda" precisa entender que isso não funciona como selo de qualidade para fazer alguém legal, bacana, acima do bem, do mal e dos demais

seres humanos. Essa pretensão não funciona no mundo real. Da mesma forma que alguém que se orgulhe de ser direita (eles saíram do armário), não significa que é reacionário, defende a pena de morte e queira a volta da ditadura militar. Há diferença entre reacionário e conservador.

Posicionar-se à esquerda da política não inocenta ninguém, nem blinda contra erros. É preciso aceitar a realidade não apenas na política social, mas na política econômica de como o mundo funciona hoje e se libertar de amarras do passado da anacrônica guerra fria.

A eleição de 2022 precisava de renovação no campo da esquerda e, definitivamente, Lula da Silva não é a renovação política no campo da esquerda. Lula é o passado de 1989. Não é possível que os eleitores deste campo ideológico se deixem conduzir por um personagem cujo ego ultrapassa o bom senso.

A esquerda aponta o dedo para o gado bolsonarista em torno de um "mito", mas deveria se reconhecer nesse fanatismo, libertar-se e fazer a reflexão em agir da mesma maneira com Lula.

Nova Previdência

Desde o governo Fernando Henrique Cardoso (1995-2002), todos os presidentes da República tentaram aprovar uma

Reforma da Previdência que contemplasse pelo menos a idade mínima para a aposentadoria. O ex-presidente Luiz Inácio Lula da Silva (2003-2009) avançou na questão do funcionalismo no primeiro mandato, mas o projeto só foi regulamentado na gestão de Dilma Van Rousseff (2010-2016).

O ex-presidente Michel Temer (2016-2018) conseguiu passar o projeto em duas comissões, mas foi obrigado a recuar antes de levar à votação na Câmara dos Deputados. Ele foi atingido pelas flechadas do então Procurador Geral da República, Rodrigo Janot.

Temer foi "flechado" após uma conversa noturna gravada na garagem da residência oficial da vice-presidência com o empresário Joesley Batista, presidente do Grupo JBS. "Tem que manter isso" virou bordão na história política brasileira.

Finalmente, a Reforma da Previdência foi aprovada em 2019, no primeiro ano da gestão Bolsonaro. Um feito inédito com todos os méritos para a primeira formação da equipe econômica do ministro Paulo Roberto Nunes Guedes.

Posto Ipiranga

Infelizmente, a equipe do primeiro ano de governo foi se desfazendo. Em dois anos, o ministro apelidado "Posto Ipiranga" se desidratou, virou lojinha de conveniência e, agora é o frentista do posto que um dia recebeu seu nome. (com todo respeito aos frentistas de postos de combustíveis). Essa desconstrução do ministro Guedes não é exagero. A forma como o "super ministro" se desintegrou é uma das características do governo Bolsonaro.

A retórica inicial do presidente de dar autonomia aos ministros era falácia. Narrativa de campanha eleitoral que apenas fanáticos continuaram a crer. Felizmente, outros ministros e profissionais gabaritados tiveram a honradez de pular da barca furada antes de serem humilhados em praça pública como Paulo Guedes se permitiu.

Extremismo
Substantivo masculino; forma de pensamento político que preconiza soluções extremas (radicais, revolucionárias) para os problemas sociais.

Ultradireita

Jair Bolsonaro é considerado o primeiro legítimo representante da *extrema direita* a assumir a presidência do Brasil, desde a redemocratização, após o período da Ditadura Militar no Brasil que durou de 31 de março de 1964 a 15 de março de 1985. A adjetivação "extrema" não é exagero e tem conotação pejorativa, seja para o campo ideológico de direita ou esquerda.

Extremismo significa que os representantes dessas alas estão propensos à radicalização de ideias e atitudes, inseridos em suas ideologias onde comandam mentes, palavras e ações dos seguidores, sem se permitir ao contraditório e se respeito às instituições constituídas numa democracia.

No campo extremo da esquerda nas eleições presidenciais 2022, temos dois exemplos interessantes: Vera Lucia do Partido Socialista dos Trabalhadores Unificados – PSTU e Leonardo Péricles pelo Unidade Popular – UP. Se o eleitor comum, não preso na bolha desses grupos, se der ao trabalho de ouvir as propostas, vai ter enfado ou susto.

É como um movimento estudantil feito por pessoas maduras, bravejando tolices como interromper o pagamento de dívida externas, estatizar os bancos privados, Controle social dos monopólios capitalistas e dos meios de produção nos setores estratégicos da economia, entre outros desvarios. Não há uma única proposta capaz de ser executada no mundo real.

Em tempo: *assista "Je Suis Karl", produção alemã de 2020/2021 sobre a máquina da propaganda do ódio da extrema direita europeia.*

Extrema esquerda

Os adversários ao governo Bolsonaro formam o bloco dos partidos da esquerda no Congresso Nacional. Alguns representam a esquerda moderada como Rede, PDT, PSB, PT. Mesmo o PT que o bolsonarismo radical chama de "esquerdista-comunista" é uma legenda "racional" de Centro-Esquerda.

Na eleição de 2022, Lula teve um empresário José Alencar Gomes da Silva e, em 2022, o ex-tucano Geraldo Alckmin. Além desse indicativo, o programa de governo seguiram linhas liberais na economia, como manter as linhas macroeconômicas do Plano Real. É diferente das propostas do PSTU, PCO e mesmo PSOL que escancaram os desvarios socialistas de estatização e ataques ao capitalismo.

Isso significa que o PT está disposto a jogar o jogo racional na disputa política pelo poder, ao invés de apenas fazer jogo de cena com utopias. Mas o Partido dos Trabalhadores ensaiou manobras autoritárias na aproximação do ditador presidente Hugo Chavez, Nicolás Maduro entre outros ditadores mundiais. Líderes populistas tem afinidades com o autoritarismo. Donald Trump foi se encontrar com Kim Jong-un para fotografar uma cena histórica e se resultados práticos.

Algumas tentativas de autoritarismo do petismo foram bem evidentes. Uma delas ocorreu no último ano do segundo mandato de Lula, em 2013, quando houve um ensaio do partido para uma PEC do "terceiro mandato". O argumento era o clamor das ruas e a popularidade do presidente (leia-se: culto ao personalismo).

Felizmente, ao que parece, o próprio ex-presidente teve a sensatez de preservar a própria biografia, já maculada pelo mensalão, petrolão e outros percalços, entre eles a tentativa de expulsar o jornalista Larry Rohter e os arroubos egocêntricos de citar a si mesmo na terceira pessoa (felizmente, ele reduziu isso).

Para resolver a perpetuação no poder, sem ferir a democracia que impõe alternâncias, Lula inventou uma gerentona sem capacidade intelectual para esquentar a cadeira por quatro anos até ele voltar. Parecia um bom plano. O gesto foi imitado pelo ex-prefeito João Paulo da Silva (PT/PE), no Recife, ao impor o fiel escudeiro João da Costa (PT/PE) para ele próprio voltar quatro anos depois.

Em ambos os casos, membros do Partido dos Trabalhadores foram contra essas escolhas impositivas. O poder revela a face oculta das pessoas e os sentimentos mais abjetos. Tanto no plano nacional, quanto no plano local, o plano "deu ruim" e as criaturas se rebelaram contra o criador. Em ambos os casos, o final foi desastroso.

Regulação da mídia

De volta aos arroubos autoritários do petismo, a "regulação democrática da mídia" ou "democratização dos meios de comunicação", os eufemismos usados pelos ditadores para censurar imprensa, é o que mais chama atenção pela desfaçatez camuflada da inocência das boas intenções.

Essa tentativa de mordaça à imprensa abrangeu diversos atores da nata do petismo e da esquerda brasileira como um todo, desde o plano federal ao plano municipal. Há uma nítida inspiração no que Hugo Chavez fez com a RCTV (Rádio Caracas de Televisão). Um conglomerado de veículos de comunicação com alcance e influência na sociedade, funcionando desde 1953. Hugo Chavez não renovou a concessão e a empresa privada foi fechada.

Sem deixar de lembrar que Jair Bolsonaro e seus fanáticos repetem a mesma cantilena de xingar a Rede Globo e outros veículos de comunicação que fazem jornalismo profissional. Essa gente não suporta a verdade que atinge seus idolatrados. O leitor já percebeu que o Grupo Globo é sempre o alvo maior do petismo e do bolsonarismo na "regulação democrática da mídia".

Nem o PT, nem parte da esquerda sectária enterrou o discurso "regular Mídia e cassar a concessão da Rede Globo". Lula da Silva repetiu a cantilena em 2022. Os petistas, enquanto oposição ao bolsonarismo, não se importam em participar de entrevistas na "Globo Golpista" para falar contra o governo Bolsonaro. Para os bolsonaristas, a "Globo lixo" é o veículo esquerdista-comunista e faz campanha para uma nova candidatura do Lula.

O leitor percebe o tempo e o desgaste que as legendas extremistas perdem nesses arroubos autoritários infantis e antidemocráticos? Não fossem as instituições republicanas, o Brasil teria sucumbido às investidas desses grupos para enfraquecer o jornalismo profissional. O presidente Bolsonaro chegou ao vagabundismo de agredir com palavras chulas repórteres mulheres da emissora, num ato abominável e covarde.

Rede Globo

A realidade é que a sociedade brasileira deve se orgulhar da imprensa profissional brasiliera e do jornalismo da Rede Globo. Na tentativa autoritária de "regular a mídia" nos treze anos que durou a gestão do PT, diversos políticos nacionais, incluindo o senador pernambucano Humberto Costa, foram ferrenhos defensores dessa excrescência, conforme se constata em diversos eventos relacionados ao tema.

Destacamos aqui um trecho de um Congresso da legenda trabalhista, em 2011: "O IV Congresso Nacional do PT terminou neste domingo com a aprovação de uma moção que reforça o texto da resolução política do partido, votada na véspera, que propõe a discussão do marco regulatório da mídia. A expectativa do presidente nacional do PT, deputado Rui Falcão (SP), é que o governo encaminhe para o Congresso Nacional uma proposta a respeito. A moção, na verdade, é um texto detalhado sobre a postura dos petistas a respeito das atividades de imprensa. - Foi aprovada uma moção, mas é uma posição do partido, acrescentou o líder do PT no Senado, Humberto Costa (PE), que conduziu os trabalhos do Congresso".

*A reportagem completa pode ser lida em "O Globo", de 04/09/2011 sob o título "PT convoca mobilização da militância e da sociedade para debater regulação de mídia". **https://bityli.com/ZIGWW***

Extremistas

O bloco de partidos da esquerda é composto por diversas legendas nas incontáveis trinta e três registradas no TSE até 2021. A tendência é que esse número de partidos políticos se reduza a partir da Cláusula de Barreiras aprovada na PEC 97, de 04/10/2017 pelo Congresso Nacional:

"Emenda Constitucional nº 97. Altera a Constituição Federal para vedar as coligações partidárias nas eleições proporcionais, estabelecer normas sobre acesso dos partidos políticos aos recursos do fundo partidário e ao tempo de propaganda gratuito no rádio e na televisão e dispor sobre regras de transição".

A PEC limita o acesso aos recursos do fundo partidário e à propaganda gratuita no rádio e na televisão aos partidos políticos que o mínimo, 2% (dois por cento) dos votos válidos, distribuídos em pelo menos um terço das unidades da Federação, com um mínimo de 1% (um por cento) dos votos válidos em cada uma delas. Essa cláusula é apenas uma das limitações de adequação ao comércio que virou o negócio do partido no Brasil.

Longe de ser uma restrição à liberdade de atuação política, é uma regulação na atividade político-parlamentar do balcão de negócios que virou ser dono de partido no país. Os partidos recebem Fundo Partidário e, em 2021, sob comando do alagoano Arthur Lira (PP/AL) que o PT ajudou a eleger, incluíram na Lei de Diretrizes Orçamentárias o valor surreal de 5,7 milhões de gastança na campanha de 2021.

Num país com 12 milhões de desempregados e um déficit fiscal gigantesco pe um acinte. Tudo combinado entre o chefe do executivo, os filhos deste, seus apoiadores parlamentares e a nova velha base fisiológica do Centrão. A "nova política" de cara velha.

Nesse caldo de mudanças, partidos extremistas à esquerda da esquerda devem sofrer graves consequências. Legendas como PSTU (Partido Socialista dos Trabalhadores Unificados), PCB (Partido Comunista Brasileiro), PCO (Partido da Causa Operária), entre outros grupos de punhos levantados e juízo rebaixado. Um panfleto do PSTU, distribuído em uma das manifestações de julho 2021 contra Jair Bolsonaro, trazia pérolas como essa: "A direção do PT e parte do PSOL não querem tirar Bolsonaro agora, mas deixá-lo sangrar até 2022".

Podemos chamar de autofagia, o ataque da esquerda contra a própria esquerda. Outras pérolas com jeitão de texto produzido na salinha do diretório acadêmico: "As mesmas direções do PT e parte do PSOL que querem jogar tudo para as eleições defendem uma candidatura de frente ampla para governar junto com banqueiros, grandes empresários e latifundiários".

Fico pensando que idade tem os redatores do PSTU, onde vivem, o que comem e onde moram. Não percam, nessa sexta-feira, no Globo Repórter da emissora "Globo golpista". É simplório, risível e surreal que alguém no Século Vinte e Um, em plena Era do Mundo Digital do Planeta Terra, onde há graves problemas socioambientais para serem resolvidos, uma legenda partidária ainda se apegue à pauta do Século Vinte da Guerra Fria.

Principalmente, depois da queda do Muro de Berlim e da URSS (União das Repúblicas Socialistas Soviéticas) em 199, e a criação do bloco econômico europeu (União Europeia) no ano seguinte. Com esse discursos, o PSTU, PCO e outras legendas anacrônicas nunca chegarão ao poder no Brasil pela razão de que não há aderência com a realidade do cidadão comum brasileiro.

Essa gente mantém pautas análogas ao bolsonarismo às avessa na linha do "voto impresso agregado à urna eletrônica". Criam-se problemas onde não existem problemas. Pautas desse tipo são criadas por fanáticos e para fanáticos que convivem numa bolha ideológica equivocada, distante da realidade e presa à narrativa extremista.

Para finalizar as pérolas do panfleto universitário (com todo respeito ao estudante universitário), temos a seguinte mensagem: "... enfrentar os banqueiros, parar de pagar a dívida externa... revogar as reformas trabalhistas e da previdência, parar as privatizações... precisamos de toda a unidade para lutar por um projeto socialista dos trabalhadores para o país". Não é singelo e fofo essa inocência juvenil?

Perceba que as palavras "luta, trabalhadores e socialismo" são sempre repetidas à exaustão. Agora pegue o avesso do avesso do sectarismo ideológico: patriotismo, nacionalismo e deus. Pode acrescentar "cidadão de bemcom arminha" entre as frases mais nojentas da ultradireita. Ambos os grupos representam o "Nós e Eles", frase criada por Lula em cima do palanque desde o primeiro mandato em 2002.

Reformas

Grande parte das legendas da esquerda votaram contra a Reforma da Previdência em 2018, no primeiro ano do Governo Bolsonaro. O projeto estava azeitado desde a gestão Michel Temer e teve o deputado carioca Rodrigo Maia como fiador. Não foi Paulo Guedes, nem a articulação da Casa Civil do governo Bolsonaro os responsáveis pela aprovação, mas o empenho de Maia.

A Reforma da Previdência, a Trabalhista, a Tributária, entre outras são pautas fundamentais para o Brasil. Estão atrasadas há décadas e dependem de articulações do Poder Executivo para aprová-las. A Reforma da Previdência serve de régua entre a insensatez e a racionalidade. O extremismo ideológico prejudica a correta avaliação dos rumos institucionais no país.

A deputada Tabata Amaral (PDT/SP), Felipe Rigoni (PSB/ES), entre outros parlamentares das legendas de esquerda moderada votaram contra a orientação dos seus partidos. Tanto o PDT, quanto o PSB queriam o voto em bloco contra o importante projeto, desengavetado depois de inúmeros debates e de passar por todas as comissões até chegar ao Plenário.

Esses dois entre outros deputados se insurgiram contra a orientação das legendas de esquerda. É inacreditável que duas legendas que lançaram candidatos em disputas à presidência do Brasil (Brizola e Ciro Gomes/PDT; Eduardo Campos/PSB) tenham se posicionado dessa maneira. O pior é ver dirigentes justificar o posicionamento contrário por "falta de debate do projeto". Uma mentira que os formadores de opinião, analistas econômicos, de política e até mesmo o cidadão comum reconhece como inverdade. Todas as reformas estruturais no Brasil são debatidas desde a redemocratização.

Resistência

A resistência ao sectarismo da esquerda brasileira contra todas as reformas e a repressão aos seus filiados no Congresso Nacional, eleitos pelo voto direto, se repetiu na votação do Marco Legal do Saneamento. Dessa vez, após o desgaste da votação anterior, a pressão foi branda e os partidos de esquerda liberaram as bancadas. Ainda assim tivemos diversos personagens contra a lei que prevê a universalização dos serviços de saneamento básico até 2033. Uma lei importantíssima que já deveria estar em vigor há décadas.

Saneamento privado, demorou.

Um fato sobre essa votação chamou atenção durante a eleição à Prefeitura do Recife, em 2020. Os primos João Campos (PSB/PE) e Marília Arraes (PT/PE) que disputaram o pleito e foram ao segundo turno, declararam votos contrários à Lei do Marco do Saneamento.

Em entrevista a uma rádio local durante a campanha municipal em 2020, ambos afirmaram ser contra o Marco Legal do Saneamento. João Campos que foi eleito (inclusive com o voto desse jornalista escritor) prefeito do Recife estava em plenário e votou contra. A prima e concorrente Marília

Arraes disse que não estava plenário, mas que se estivesse teria votado contra.

Imagine o eleitor recifense tendo que escolher entre esses dois candidatos alinhados no mesmo pensamento sectário ideológico sobre esse fundamental Projeto de Lei. O argumento de ambos para se posicionar dessa forma foi igual aos demais que votaram contra: faltou debate ou a lei era restritiva às áreas menos nobre. **Mentira!**

O Marco Legal do Saneamento estava em discursão no Congresso há mais de uma década. Os governos petistas tiveram dificuldade em aprová-la, justo pelas posições sectárias dos grupos de esquerda que se arrepia ao ouvir falar de privatização. Na prática, a estatal é obrigada a abrir licitação à iniciativa privada dos serviços de saneamento.

Como era antes? Havia os "contratos de programa", negócios firmados sem licitação entre municípios e empresas estaduais de saneamento. Sentiu o drama, companheiro? O compromisso de executar a obra com eficiência era perto de zero e cheio de negociatas entre os agentes públicos, numa suruba ideológica-financeira envolvendo vereadores, prefeitos, deputados e governadores. Uma maravilha que a esquerda queria manter.

Segundo dados divulgados em 2021 pelo **Instituto Trata Brasil**, cerca de 35 milhões de brasileiros não possuem acesso à água potável e cem milhões não têm serviço de coleta de esgotos.

Esse é apenas um dos muitos erros cometidos pelo sectarismo ideológico da esquerda em relação à economia de mercado, quando envolve causa social e o termo "privatização" está no jogo. Esse tipo de postura não apenas é irresponsável, mas infantil e cínica.

Espírito limitado

A Reforma da Previdência expôs o sectarismo da esquerda brasileira. O **sectarismo** (*espírito limitado, estreito, de seita; estado de espírito ou atitude sectária; intransigência, intolerância*) é uma atitude extremista, onde o sujeito se limita a pensar e agir de maneira única, sem a possibilidade de refletir sobre outras possibilidades.

O bom senso supõe que ninguém quer ser qualificado como extremista, capaz de atos insanos e pensamentos delirantes. A aprovação da Reforma da Previdência era essencial para a recuperação econômica e a manutenção dos benefícios para as gerações futuras. O ajuste fiscal nos pagamentos da previdência é o parâmetro que separa o posicionamento ideológico da racionalidade dos agentes públicos, da responsabilidade social e da narrativa político-partidária.

Contabilidade não tem ideologia, nem posicionamento político. Números não mentem, nem gritam falácias ou palavras de ordem com os punhos cerrados para o alto. O conjunto de forças que votou contra a Reforma da Previdência agiu contra o Brasil e os brasileiros. Todas as demandas foram debatidas no Congresso. Se algumas não foram atendidas, perder e aceitar a maioria faz parte do jogo democrático.

Deixou-se de fora o Sistema de Capitalização, não se mexeu no Benefício da Proteção Continuada – BPC e na Aposentadoria Rural. Atendeu-se, portanto, aos principais pontos da *resistência*. Mesmo assim, o mantra contra a Reforma continuou. Os partidos que formam o bloco de esquerda na Câmara dos Deputados fecharam questão contra o projeto. Mesmo os partidos de esquerda e os seus representantes sendo atendidos em todas as mudanças solicitadas e tendo conhecimento da grave situação fiscal do país, herança deixada pela ex-presidente Dilma Van Rousseff (PT/RS), optou-se pelo voto fechado contra a Reforma da Previdência para atingir o "governo de direita". O nome disso é **sectarismo.**

Responsabilidade fiscal

Basta alguma leitura em fontes confiáveis para entender a situação fiscal dramática de que seis em cada dez reais dos gastos públicos são consumidos pela Previdência Social. Essa proporção aumenta ao longo do tempo. A economia para os cofres públicos é urgente e a pressão nos anos seguintes será cada vez maior, levando ao colapso.

Na verdade, todos os estados da Federação, alguns em situação fiscal dramática, encontram-se sem capacidade de investir em infraestrutura, saúde, educação, porque todos os recursos vão para o pagamento do funcionalismo e da Previdência pública. Várias categorias de servidores do estado estão com pagamentos atrasados. Retrato do que se transformaria o Brasil sem a Reforma.

No Nordeste, o estado em pior situação é o Rio Grande do Norte, cujo eleitor potiguar, na eleição de 2018, elegeu para governá-lo a ex-senadora Fátima Bezerra (PT/RN). A escolha não poderia ser pior. Ela faz parte da turma de governadores do Nordeste que disseram não à Reforma da Previdência.

A Reforma da Previdência é tão importante para o Brasil que é considerada por economistas e analistas de mercado, como o Plano Real da nova geração por ser capaz de mudar o perfil socioeconômico do país.

A justiça social da Reforma da Previdência não está no custo coletivo para todos os pobres, mas na comparação do impacto individual das mudanças para cada beneficiário. Seja do pobre que recebe pelo INSS, seja àquele que se aposenta mais cedo e terá de trabalhar mais para garantir o benefício, seja o funcionário público privilegiado.

O custo médio para cada beneficiário do INSS foi estimado pelo governo em R$ 9 mil durante dez anos (menos de 6% do benefício mensal médio de R$ 1.290,00). Para o beneficiário do setor público, em R$ 141 mil (mais de 13% dos R$ 9 mil mensais). Ou seja, quem recebe salário mínimo terá desconto de meio ponto percentual na contribuição mensal. É um custo que os mais pobres arcarão, mas este custo é proporcionalmente menor para quem recebe menos.

A esquerda burra

A esquerda que saiu diminuída das urnas em 2018 ficou ainda mais enfraquecida nesses dois episódios (reforma da previdência e marco legal do saneamento), já inserida na gestão Bolsonaro que colheu os louros e vai usar essas vitórias do ajuste fiscal e da causa social na campanha de 2022.

Foram chances desperdiçadas em se afastar do espectro ideológico sectário, logo após a derrota nas urnas de uma população que indicou apoio ao liberalismo econômico e à redução do Estado mamute deixado por Dilma Rousseff e a legenda que a abriga.

Ao se negar de forma extremista a colaborar com dois projetos importantes: um de ajuste fiscal, no caso da Reforma da Previdência, e outro de causa social, a Lei do Saneamento Básico, a esquerda se apequenou e manteve sua face sectária em relação às questões econômicas de Estado.

Foi uma resistência burra ao governo Bolsonaro. Não há outra classificação para uma esquerda que grita "Lula Livre" e "golpe"; ou seja, contra as instituições judiciais e legislativas que condenaram o ex-presidente por corrupção e a ex-presidente por incompetência e ainda vota contra a Reforma da Previdência e o Marco Regulatório do Saneamento Básico.

É a insistência em se fechar numa bolha ideológica e não entender os sinais da sociedade no resultado da eleição de 2018. A esquerda resistiu a dois projetos que estavam há décadas para serem votados no Congresso Nacional, sem que nos quatro mandatos dos governos petistas, ambos os eleitos tivessem a coragem e firmeza de se articularem para colocá-los em votação.

Quando, afinal, o novo governo de direita conseguiu, as bancadas de esquerda se posicionaram contra, sem apresentar alternativa. A esquerda é burra quando o único projeto para o

Brasil é inocentar o ex-presidente da República, preso por corrupção e com diversos outros processos em andamento. É o negacionismo judicial em torno do culto ao personalismo. Lula da Silva não foi inocentado, tampouco será condenado novamente pelos crimes. A prescrição é questão de tempo e é a mesma estratégia usada pelo famigerado Paulo Maluf (PP/SP) para escapar de todas as denúncias e condenações. Parabéns aos envolvidos.

Novo ciclo econômico

Havia uma expectativa de recuperação e crescimento na economia brasileira. A pandemia Covid-19 e a má gestão do governo Bolsonaro em lidar com a saúde pública, além de todos os devaneios ideológicos de negacionismo e ataque as instituições atrapalharam os planos.

Jair Bolsonaro é o pior presidente da República desde a redemocratização. Ele conseguiu a façanha de superar Dilma Rousseff, que era muito ruim, mas não chegou a ousar tanto em narrativas e ameaças. Bolsonaro tem ainda chance de eleger com ajuda do Centrão, do presidente Artur Lira e o Partido Progressista. Infelizmente, é assim a política brasileira e o presidencialismo de colisão.

Antes o Brasil tivesse um sistema parlamentarista, onde se derrubasse o Primeiro Ministro por ameaçar o sistema democrático estabelecido. O eleitor brasileiro está atendo sobre os atores políticos e à condução da sociedade com reflexos nas eleições municipais, estaduais e federais para os cargos legislativos e executivos.

Após a radicalização dos extremos, o país sairá mais forte, maior e maduro. O eleitor terá uma visão mais racional sobre os seus representantes nas casas legislativas e os populistas à chefia do Poder Executivo. O tempo e os erros ensinam.

Populismo de esquerda

Desde a eleição do presidente Luís Inácio Lula da Silva, em 2003, o populismo da esquerda latina começou a se fortalecer na América do Sul. Na Venezuela com o Chavismo; na Argentina, o Kirchnerismo; Bolívia, Evo Morales; Equador, Rafael Correa. Todos acabaram de alguma forma prejudicando a economia de seus países com as ideologias de vento.

Mas nada superou o desastre venezuelano que foi além da economia indo para a implantação de uma autocracia, aparelhamento do estado, milícias armadas, censura à imprensa, perseguição a opositores, presos políticos, supressão de direitos humanos, rompimento com países democráticos entre outras violações graves.

No Brasil, a ascensão do populismo da direita travestido com todos os seus defeitos mais sombrios, foi bem mal representado na figura de Jair Messias Bolsonaro, o improvável. Saído das trevas do baixo clero, onde passou três décadas no submundo como uma figura folclórica, fomentando seu espólio financeiro e eleitoral familiar elegendo três dos quatro filhos homens para a política.

O presidente eleito conseguiu transformar a "jararaca" Lula dos discursos inflamados de mentiras e ameaças veladas num sujeito simpático de um parquinho de crianças no jardim da infância.

O que se viu no Brasil a partir de 2019 foi mais do que ascensão de um líder de direita, mas um personagem travestido de ditador, sem escrúpulos morais, nem empatia. Um líder autoritário, disposto a tudo para permanecer no poder, mesmo se às custas de demolir o estado de direito, desafiando instituições republicanas e desconstruindo a democracia reconquistada em 1985.

Tudo isso deveria ser suficiente para o Congresso tirar da gaveta um dos cem pedidos de impeachment. É possível que o desgaste do presidente Bolsonaro seja pesado na eleição de

2022, mas se o adversário for exatamente aquele que ele deseja e se a terceira via não se tornar forte e viável, aumentam as chances da reeleição.

Certamente, um desastre para o Brasil. Mesmo o mais radical bolsominion deveria se envergonhar dos absurdos que diz o ex-capitão do Exército. Populismo não é privilégio da esquerda. O presidente Bolsonaro reúne tudo que há de pior num líder populista; seja ao tentar interferir em órgãos de Estado como a Polícia Federal, Coaf e outros órgãos de controle, assim como as Forças Armadas.

Um Estadista não age dessa forma. O verdadeiro líder, seguro de si e do poder que possui, submete-se à legislação, ao Estado de Direito, às instituições, à Constituição e divide o Poder Executivo com os demais poderes republicanos. O estadista lidera sem precisar ser autoritário. Ele funciona como exemplo para a sociedade que lidera, sem a necessidade de reafirmar sua autoridade com ameaças de ruptura institucional.

O Eleitor brasileiro

O presidente Bolsonaro é inseguro no poder que exerce, porque sua capacidade intelectual está mil anos luz aquém da função política recebida nas urnas. Um engano populista surgido do sentimento antipetismo e cavalgado pelo outsider do baixo clero na mula selada que passou mancando. Pelo visto, só ele a enxergou. A presidência de um país complexo como o Brasil não pode ser exercida por qualquer um.

O eleitor brasileiro tem cometido muitos erros desde Collor de Mello, em 1989. É natural. Democracia depende de tempo para se consolidar. São décadas de experiências boas e ruins. O Brasil tem apenas trinta e três anos, desde a primeira eleição para presidente, após a redemocratização em 1985. Antes foram vinte e cinco anos sem exercer o voto direto. Seriam seis eleições a mais para cometer erros e acertos.

Se o eleitor brasileiro não fizer a correção de rumo em 2022, observando o currículo do candidato, seu passado, os riscos da contratação, vai continuar elegendo pessoas erradas, isso inclui Lula da Silva e o próprio Bolsonaro. O voto tem que ser pró-futuro, não contra. O voto tem que ser útil, pragmático, não anti alguma coisa ou anti alguém. Se o eleitor brasileiro continuar votando apenas por ideologia radicalizada, apego à bolhas, religião, costumes, revolta, rebeldia e tudo que envolve emocional com pouca racionalidade, o país vai continuar nas mãos de populistas num regime presidencial.

Não se contrata alguém para C.E.O. (*Chief Executive Office*) de uma organização sem uma análise profunda do currículo, uma entrevista formal e no caso do presidente de um país, deveria estar incluiso exame psicotécnico e sanidade mental. Exageros à parte, é assustador o quanto o eleitor não segue a lógica racional para exercer o voto, deixando que fatores subjetivos o influenciem.

Reflexão

Lula da Silva merecia a reeleição, em 2006, após o processo do Mensalão no STF, onde foi revelado um esquema de compra de votos de deputados com dinheiro público para alinhamento nas votações? Dilma Rousseff merecia ser eleita em 2010 e, principalmente, ser reeleita quatro anos depois de mostrar um quadro explícito de incompetência e deficiência cognitiva?

Francamente, companheiro, Dilma seria admitida ou passaria num exame psicotécnico para C.E.O. de uma empresa grande, séria? Jair Bolsonaro com o histórico medíocre de vinte e oito anos de mandato parlamentar na Câmara dos Deputados, após uma passagem tumultuada como oficial do Exército Brasileiro e após incluir os filhos e a ex-mulher na carreira política, merecia algum voto do eleitor consciente?

Grécia seja aqui

Gestão pública responsável se faz com racionalidade e responsabilidade fiscal, não com narrativas e delírios ideológicos. Tem que ter base na gestão financeira, não em populismo de campanha eleitoral. Juízo é para ser usado. Se o Brasil adiasse a reforma da previdência seria arrastado à situação em que Grécia e Portugal chegaram e onde foi necessário cortar aposentadorias já concedidas. A ironia é que os governos de esquerda desses países fizeram, porque a realidade se impôs, deveria servir de exemplo para o Brasil.

Quando o dinheiro acaba, não importa a ideologia. O pragmatismo é imposto à fórceps. O que a esquerda pretendia ao rejeitar a reforma da previdência e a reforma trabalhista? O jogo jogado no Congresso é legítimo. Política institucional. Pode-se discordar, debater, apresentar propostas para melhorar o projeto, mas no final é preciso fazer o que país necessita.

O colapso fiscal deixado por Dilma Rousseff atinge o Brasil até hoje. Em 2018, os estados brasileiros gastaram R$ 101,3 bilhões para cobrir os rombos com a Previdência Social. Esse quadro se aprofundou com a pandemia e a falta de capacidade gerencial de Jair Bolsonaro e do ministro Guedes, a lojinha de conveniência que um dia foi posto Ipiranga. A situação atual foi herdada por Michel Temer que entre Dilma e Jair, se saiu melhor do que ambos. Essa é a real história político-econômica do Brasil. Não há como mudar, nem reinventar. O choro é livre, mas não muda a realidade.

Reflexão: Haddad faria?

É um exercício de suposição, mas caso o candidato petista Fernando Haddad tivesse ganhado a eleição 2018, ele teria feito a reforma da Previdência? O PT permitiria? Os sindicatos? A militância? Esta é uma reflexão que ficará sem resposta.

Tabata e os dissidentes da responsabilidade

A deputada Tabata Amaral (Ex-PDT/SP, atual PSB/SP) era queridinha da esquerda até ela votar a favor da reforma da Previdência junto com mais sete deputados pedetistas. A parlamentar foi atacada nas redes sociais pelos grupos da esquerda sectária. A moça foi chamada de "traidora" e "comprada pelo PSDB" (*bocejo*).

Ela deixou de ser interessante para o grupo por se posicionar contra o negacionismo da realidade e do sectarismo da legenda do eterno líder Brizola. O PDT de forma autoritária tentou impedir deputados eleitos pelo voto direto de exercerem a atividade de acordo com a própria consciência.

Se um deputado erra, ele deve ser punido na urna, não pela legenda partidária que o abriga, mas votar a favor de reformas estruturantes não é erro. Enquanto o grupo da esquerda estatizante chamava a deputada de "traidora", a moça ampliava sua influência em outros segmentos da sociedade, fora da bolha ideológica.

Perceba que Gabeira passou pelo mesmo que Tabata, por causa da privatização da Telebrás. Tabata estourou a bolha e continua sendo a mesma deputada atuante, íntegra e capacitada de antes, só que agora mais representativa para a sociedade. Ela lutou como uma garota sem se submeter a Ciro Gomes e os seus asseclas do atraso, como fez Manuela, d'Ávila, em 2018, sob os chicotes do petismo.

A deputada é gata

Numa analogia com a ex-deputada Manuela d'Ávila (PC do B/RS), a atitude rebelde de *lutar como uma garota* da deputada Tabata Amaral é antagônica à postura passiva e submissa da ex-candidata a vice na chapa presidencial de Fernando Haddad (PT/SP), em 2018. Ao se permitir ser usada como a vice do vice, como uma cordeirinha mansa que vai à tosa à mercê do PT e do não-candidato Lula da Silva, inelegível em sua candidatura natimorta, Manuela se apequenou.

A gaúcha de boa formação intelectual foi reduzida não apenas dentro da própria bolha ideológica, mas na percepção macro do eleitor brasileiro. Gente normal, comum. O cidadão trabalhador que assistiu estupefato vê-la em *stand by* comungar da chicana política à espera de um desfecho que todos sabiam o final. Esse fato a marcou tanto que em 2002, ela não é candidata a cargo executivo algum no

Rio Grande do Sul. Ela perdeu espaço, mesmo com uma campanha nacional como teve em 2018.

"Lute como uma garota", o slogan de Manu escrito em letras garrafais na camisa preta, soou falso em 2018. Ela própria não se permitiu lutar por algo mais digno do que se submeter à candidatura ilegal do ex-presidente Lula. Até as paredes do quartinho-prisão na Política Federal, em Curitiba, sabiam que aquilo era uma farsa eleitoral com nome de estratégia política.

A única estratégia de Lula e o seu imenso ego naquele momento era impedir Ciro Gomes de chegar ao segundo turno com possibilidades de vencer a eleição e se tornar líder da esquerda no Brasil. Ciro era o único representante do campo ideológico com capacidade de atrair parte do eleitorado de Centro-Direita para vencer Jair Bolsonaro no inevitável segundo turno da eleição de 2018. Lula sabia de tudo isso. Como animal político, hábil e assertivo, Lula manobrou para a vitória de Bolsonaro e o inevitável desgaste quatro anos depois.

Caso Lula tivesse composto com Ciro Gomes numa ampla frente democrática do campo de centro esquerda, como o próprio líder petista faz agora em 2022, o resultado da eleição daquele ano seria outro. PT, PSOL e outras legendas se uniriam ao ex-governador e ex-ministro cearense para impedir a eleição do ex-capitão do Exército.

Eduardo Leite

Outra analogia comparativa à garota que deveria lutar pela dignidade do próprio nome está no conterrâneo dela, o governador Eduardo Leite (PSDB/RS). Além de gaúchos, ambos são da mesma geração de jovens classe média e boa formação intelectual. A diferença é a trajetória. Eduardo se elegeu como governador do Rio Grande do Sul aos 34 anos (ele nasceu em 10/03/1985). Antes foi prefeito da cidade de Pelotas/RS. Manuela d'Ávila, 41 anos (nascida em 18/08/1981), foi vereadora, deputada estadual e federal, mas nunca conseguiu assumir algum cargo eletivo no poder público executivo. Ela se candidatou duas vezes à prefeitura de Porto Alegre.

Ambos são jovens de famílias abastardas com formação superior, pessoas inteligentes, bem articuladas e de boa retórica. A diferença está na postura ideológica. Manuela propaga ideias estapafúrdias de ideologias anacrônicas. Expõem-se com os dedos em "L" gritando "Lula Livre" ao lado do político de inocência duvidosa. Enquanto isso, Eduardo Leite se reúne com governadores do Sul e Sudeste para defender a reforma da previdência, mantém postura centrada,, não brada narrativas inúteis em desrespeito as instituições judiciais que condenam as pessoas.

O fato de ter se assumido homossexual foi mais um ato de coragem ímpar num país homofóbico em exercido por um governo reacionário, misógino, de extrema direita e cheio de fanáticos religiosos. É a primeira vez no Brasil que um governador de Estado e pré-candidato à presidência do país assume a homossexualidade. Isso não tem importância alguma dentro da competência dele, mas como fato político tem alguma relevância, porque anula que essa bobagem seja usada por homofóbicos.

Agora, leitor, faça a reflexão: entre esses dois jovens políticos gaúchos, Manuela e Leite, em quem o eleitor brasileiro teria mais confiança em dispor seu voto à presidente do Brasil? Qual deles têm mais chances de chegar à Presidência da República num futuro breve?

Ditadura ideológica

O fato de os partidos de esquerda, na Câmara dos Deputados, terem fechado questão sobre a Reforma da Previdência foi grave. As legendas da *resistência* negaram aos deputados federais o direito de votar com a própria consciência e convicção. A atitude foi extremada, mesquinha e expôs o viés do sectarismo e autoritarismo desses grupos. Inclusive do candidato Ciro Gomes que também bradou contra o projeto essencial para o país. Quando se examina com a lupa os motivos que levaram essas legendas a agirem dessa forma, têm-se a mediocridade de certas lideranças e os interesses que compõem cada uma das agremiações.

PSB

O Partido Socialista Brasileiro é o melhor bom-mau exemplo do que se transformou o partido, após a perda do ex-governador Eduardo Henrique Accioly Campos. Uma figura tradicional da esquerda pernambucana, neto do ex-governador e exilado político Miguel Arraes de Alencar, falecido em 13 de agosto de 2005.

Desde a morte de Eduardo Campos, que presidia o PSB nacional, a legenda entrou numa trajetória vergonhosa com a ascensão de Carlos Siqueira como presidente da sigla. Um político de pensamento anacrônico, sectário, apegado à pequenez da ideologia ultrapassada do socialismo extremista.

Na campanha presidencial de 2013, Eduardo Campos conduzia o partido ao liberalismo socioeconômico. Este caminho não era unanimidade interna. Houve resistência em especial quando a legenda rompeu com o Partido dos Trabalhadores.

Era o caminho traçado para a candidatura à presidência em 2013. A forte liderança exercida por Eduardo Campos, o capital político e a capacidade de enxergar a política à frente do tempo venceu os sectários.

Inimigos do Brasil

Como economista e chefe do poder executivo em Pernambuco, Campos tinha consciência da economia real do país naquele momento. Eduardo Campos sabia como o governo Dilma mascarava os números usando bancos públicos para manter o superávit das contas do governo e as consequências daquela atitude irresponsável.

Além de ter conhecimento, como diversos atores políticos sabiam do aparelhamento e da corrupção sistêmica na Petrobrás, esquema do qual o PSB não fazia parte. Três diretorias da estatal foram loteadas por Lula e divididas entre PT, PP e MDB.

Em 2013, Eduardo Campos e o então senador Aécio Neves (PSDB/MG) foram dos poucos candidatos a denunciar a grave crise fiscal do país, durante a acirrada campanha presidencial. Eles foram chamados de "inimigos do Brasil" pela então candidata à reeleição Dilma Rousseff.

O alerta se confirmaria no ano seguinte, quando a presidente dois meses após a reeleição, em janeiro de 2016, admitiu a situação de penúria fiscal do Brasil. A partir dali foi uma bola de neve até o impeachment. Dilma teve que admitir e repetir o que os "inimigos do Brasil" diziam na campanha, menos de um ano atrás, numa clara fraude eleitoral da vencedora.

Os petistas não admitiram a realidade e preferiram gritar "golpe, golpe, golpe", num sintomático negacionismo (o termo ainda não era usado à época) que irritou o brasileiro comum e fez acordar uma oposição adormecida. O cidadão estava exausto do PT, de Dilma, da corrupção e do próprio Lula com sua retórica populista.

Tivesse feito ali o tão cobrado *mea culpa*, talvez não impedisse o impeachment e perdesse a eleição seguinte, mas pavimentaria o caminho para a retomada da dignidade perdida e nunca restabelecida.

Breve relato do tempo

A Petrobrás foi aparelhada sob o comando do presidente Lula da Silva para que algumas diretorias desviassem recursos da estatal para atender ao PT, ao Partido Progressista - PP e ao Partido do Movimento Democrático Brasileiro – PMDB. A operação Lava-Jato desmontou o esquema a partir de um cheque do doleiro Alberto Yousseff que estava sendo monitorado. Ele comprou um Land Rover para o diretor Paulo Roberto Costa, da diretoria de abastecimento da Petrobrás. O doleiro deixou o rastro e a força tarefa executou o "follow the Money". A história, até 2016, está bem contada no livro-reportagem "Lava-Jato", de Vladimir Neto, publicado pela Editora Globo, e também no filme "O mecanismo", do diretor José Padilha.

Déficit

No final de 2013, o déficit primário brasileiro era de R$ 18.319 bilhões. Estava ali o início da crise fiscal que levaria o PIB (Produto Interno Bruto – produção de toda a riqueza produzida no país), a quase 4% negativo. Apesar de a candidata à reeleição, Dilma Rousseff, afirmar em campanha que o Brasil tinha situação fiscal estável, Eduardo Campos apontava o uso dos bancos públicos para alimentar a falsa ilusão de normalidade fiscal.

Dilma sustentou a ilusão que gerou a base jurídica das *pedaladas fiscais* e culminou no processo político do *impeachment*. A presidente se reelegeu com a diferença de 3.459.963 votos sobre o segundo candidato Aécio Neves (PSDB/MG). As abstenções foram de 30.137.479 votos (muito similar ao que seria em 2018 na disputa entre Bolsonaro e Haddad. É um número elevado que merece reflexão).

A leitura é simples: o índice de rejeição ao petismo já estava em nível alto. Esse grau de rejeição se repetiu na eleição de 2018. O alto índice de rejeição aos nomes no Segundo Turno em duas eleições consecutivas mostra que há espaço para uma candidatura de Centro-Direita ou Centro-Esquerda.

Temer e o "golpe"

Ironicamente, o "golpista" Michel Temer (MDB/SP), vice de Dilma Rousseff em ambos os mandatos, ao assumir depois do afastamento da mandatária por impedimento, legítimo e constitucional, propôs-se a fazer as reformas estruturantes que o país necessitava; e pagou o preço da impopularidade por isso.

Nem sempre a sociedade compreende os atos dos homens públicos de imediato. Muitas vezes, as ações do presente só são reconhecidas no futuro. É possível que isso ocorra com o ex-vice-presidente. Principalmente, quando se tem a turma do *quanto pior melhor,* torrando a paciência da população com a narrativa *golpe*; repetindo-a mil vezes, dia e noite, noite e dia, até que se torne verdade.

Este foi o jeito maroto que o Partido dos Trabalhadores encontrou para justificar o fracasso da gestão Dilma Rousseff e a sua notória incapacidade gerencial. O PT nunca pediu desculpas aos brasileiros por Dilma e pelo estado de abandono em que ela deixou o Brasil.

Nem Lula pediu desculpas por tê-la escolhido com a "gerentona" que ela nunca foi. Muitos do PT foram contra a escolha de Dilma à sucessão de Lula. O partido tinha opções melhores, mais capacitados e menos alienados. Egoísmo e egocentrismo imperam quando se fala da personalidade do ex-presidente Lula da Silva.

Sobre egos populistas e o personalismo

O culto ao personalismo é uma das faces mais cruéis do populismo (*prática política em que se arroga a defesa dos interesses das classes de menor poder econômico, a fim de conquistar a simpatia e a aprovação popular*).

Esse é um mal das ideologias. Bolsonaro e Lula são bons maus exemplos de líderes populistas com um exército de convertidos que o defendem, mesmo diante de provas, análises de comentaristas sérios da imprensa profissional e de todo um conjunto probatório. Os minions e petistas agem na defesa cega do idolatrado. Jair Bolsonaro e Lula das Silva são líderes populistas que mobilizam as massas a perderem o senso crítico, como se a crítica não coubesse aos personagens.

O personagem Lula

Impossível falar da esquerda sem incluir o ex-presidente Luís Inácio Lula da Silva. O personagem será estudado por bastante tempo na

Ciência Política. Poderia ser o político popular com maior prestígio e aprovação da história da República, caso não tivesse se corrompido e seus crimes revelados pela Operação Lava-Jato, da Polícia Federal e do Ministério Público Federal; se não tivesse sido condenado pela 13ª Vara de Curitiba e preso pela Justiça pelos crimes de lavagem de dinheiro e ocultação de patrimônio.

A Petrobrás recuperou seis bilhões de reais da corrupção do tempo do governo petista. Isso está documentado na estatal. É fato, não é narrativa. Se o STF retirou as acusações do ex-presidente, melhor para ele, pior para o Brasil e o combate à corrupção. O Brasil de Bolsonaro se tornou um antro de corrupção e parte desse legado vem do petismo que junto com a ultradireita do bolsonarismo e demais legendas partidárias, ajudaram a demolir o caminho do bem que o país vinha trilhando.

"Lula está preso, babaca"

A frase emblemática do ex-governador do Ceará, Cid Gomes, entrou para a história. Foi proferida de forma espontânea, emocional e corajosa numa discussão em um congresso do Partido dos Trabalhadores, no ano eleitoral de 2018. Cid Gomes faz parte dos quadros Partido Democrático Trabalhista – PDT. A legenda foi aliada ao PT, atua no mesmo campo ideológico, mas as relações andam estremecidas.

A frase de Cid é forte e dita num momento de tensão pelo irmão não apoiar à candidatura natimorta do ex-presidente (preso) e dos dois vices candidatos cordeirinhos daquele ano. O irmão de Cid, Ciro Gomes foi candidato a presidente pelo PDT. Ele pretendia reunir a esquerda em torno de sua candidatura, tendo o PT com Haddad na chapa na vice-presidência.

O Partido dos Trabalhadores ofereceu a opção inversa: Ciro na vice da chapa encabeçada por Fernando Haddad. Ciro se sentiu ofendido e não é para menos. Ciro tem história política, legado, enquanto Haddad vinha de uma vergonhosa derrota para reeleição à prefeitura de São Paulo. Lula minou não apenas a candidatura de Ciro Gomes. Por tabela, minou a esquerda e facilitou a vitória de Bolsonaro.

Quer uma verdade inconveniente? Esse era o plano estratégico de Lula da Silva. O ex-presidente é um animal político com experiência suficiente para saber que Haddad/Manuela não ganhariam aquela eleição. Não apenas porque as pesquisas apontavam isso, mas porque o sentimento antipetismo em 2018 estava no auge.

Da mesma forma, Lula sabia que a única maneira de derrotar Jair Bolsonaro seria unir a esquerda em torno de Ciro Gomes, formando uma frente democrática do campo ideológico que unisse o PSDB e demais legendas de centro em torno da chapa Ciro/Haddad. Mas Lula não quis isso pela razão bastante simples de não entregar o papel de liderança a Ciro Gomes.

Lula previu a vitória de Jair Bolsonaro e a previsível derrocada de sua gestão na presidência. Dessa forma, ele saindo da cela da Polícia Federal e com toda articulação "com Supremo e tudo" que se desenhava desde que o PMDB assumira o poder com Michel Temer, o vitimizado preso político, Lula, voltaria para sua última excursão em eleições presidenciais.

Com isso, a esquerda brasileira perdeu a oportunidade de evitar a ascensão da ultradireita e vencer a eleição de 2018 pelo egoísmo de Lula, mas o petismo prefere culpar Ciro por viajar a Paris, depois da derrota. A cegueira ideológica e o culto ao personalismo causam efeitos colaterais viscerais.

Em 2018, não havia rejeição a Ciro Gomes no universo do sentimento antipetismo. O resultado foi trinta milhões de votos anulados e a diferença de dez milhões entre os dois candidatos no segundo turno.

Bastidores da traição

O fato é que Lula impediu Ciro Gomes de ser eleito presidente do Brasil. O ex-operário sindicalista sabia que a vitória do ex-governador cearense o firmaria como novo líder da esquerda no país e Lula não suporta alguém fazendo sombra em seu ego gigantesco. É espantoso (e deprimente) assistir o petismo condenar Ciro Gomes (*traidor, traidor*) por não ter participado no segundo turno em apoio a Fernando Haddad.

Como se o ex-governador tivesse a obrigação de fazê-lo, após ser minado da disputa por Lula.

Respeito e dignidade são virtudes em um homem. Mesmo sem futurologia inversa, Ciro Gomes teria ganhado a eleição 2018 no segundo turno. O número de votos nulos, abstenções e votos em branco aponta que um candidato com menor índice de rejeição ao antipetismo no campo de centro esquerda teria chances sobre Jair Bolsonaro.

A chicana eleitoral de Lula, pré-candidato até o último momento, substituído por Fernando Haddad e o antipetismo levaram o PT a ser derrotado por Bolsonaro. Com Ciro Gomes, Haddad teria assumido o vice na chapa na primeira hora. Os dois têm menos *cara de petista*. Manoela d'Ávila, naturalmente, estaria fora da chapa, mas teria papel relevante na união da esquerda.

Lula, o maquiavélico

O mais importante para o Brasil em 2018 era impedir a vitória de Jair Bolsonaro. Fosse Lula um estadista, não um populista cheio de maus sentimentos e egoísmo, teria promovido de dentro da cadeia uma frente de esquerda. É maquiavélico e perverso, mas para o então presidiário Luiz Inácio Lula da Silva fazia todo o sentido a vitória de Bolsonaro e a derrota de Ciro Gomes.

Lula, finalmente, livre e liderando as pesquisas aos 77 anos de idade, em sua sexta eleição à presidência do Brasil. Qual outro político do PT teve essa oportunidade? É um espanto que a esquerda brasileira ache natural, mesmo dentro da legenda, que outro membro do partido não tenha tido a oportunidade. Dilma foi escolha pessoal de Lula. Propositalmente, a pior entre tantos quadros bom que na legenda deve ter.

A complacência cândida da esquerda em aceitar a não renovação dos quadros é subserviência. Apenas em 2002, o corajoso, folclórico e simpático Eduardo Suplicy ousou disputar uma prévia interna com o dono do Partido dos Trabalhadores. Em 2022, Suplicy, agora vereador por São Paulo, causou constrangimento em reunião ao cobrar a inclusão de seu projeto Renda Mínima. "Sim, meu amigo, a resposta está soprando ao vento".

O ex-presidente sabia que em 2021, Jair Bolsonaro estaria desgastado pela absoluta inapetência ao cargo. Lula estava preso, colocou um preposto para disputar e perder. Agora, volta aproveitando a polarização extremada que o próprio Lula alimentou nos palanques ao criar o "Nós e Eles". Maquiavélico, estratégico e planejado. O segredo mais bem guardado são os bastidores de como a direita e a esquerda se uniram para afundar a Lava-Jato e desconstruir Sérgio Moro na gestão de Jair Bolsonaro. Talvez um dia essa verdade se revele para os brasileiros.

O que sabemos é que na eleição de Arthur Lira para presidência da Câmara dos deputados em 2021, o PT, PDT e PSB ficaram de fora do bloco que apoiava Baleia Rossi (MDB/SP). Alegação foi que as três legendas tiveram problemas técnicos para enviar o pedido de formação do bloco pouco antes do prazo final.

Na política é preciso ler nas entrelinhas e fora da caixa da notícia oficial na imprensa. O impeachment de Bolsonaro nunca interessou ao PT. Bolsonaro é o adversário perfeito para Lula em 2022. Havia o receio de Baleia Rossi retirar da gaveta um dos mais de cem pedidos de impeachment que Rodrigo Maia, o antecessor, não retirou.

Além disso, Arthur Lira prometeu, e cumpriu, aumentar o fundo eleitoral. (Passou de R$ 1,7 bilhão em 2018, para R$ 4,9 bilhões em 2022). A farra do dinheiro público está garantida. Por fim, Lira é um dos maiores críticos da operação Lava-Jato e de Sérgio Moro, arqui-inimigo do petismo. Como vemos, nem sempre o motivo real de um fato está nas linhas escritas ou nas palavras faladas

Lula Livre

O movimento *Lula Livre* se sobrepõe a qualquer bom senso entre razão e emoção na política. É populismo em estado bruto e manobra de massa com narrativa emotiva. É inacreditável que um partido com diversos crimes no ambiente econômico do dinheiro público ainda mobilize tantos atores, incluindo legendas partidárias em torno da defesa de um político que chegou a nove processos e duas condenações em Segunda Instância; ou seja, sentenças que foram confirmadas em instâncias superiores à 13ª Vara de Curitiba, a Primeira Instância comandada pelo então juiz Sérgio Moro, o inimigo de petistas, bolsonaristas, do populismo cego e do culto ao personalismo.

Há um complô nacional de juízes e promotores?

O julgamento dos casos "tríplex no Guarujá" e "sítio do amigo em Atibaia" durou três anos. O primeiro imóvel era da construtora OAS e o outro imóvel foi emprestado por um amigo. É possível fazer analogia desse caso com a compra de vacinas por quadrilhas no Ministério da Saúde no governo Jair Bolsonaro.

A defesa de ambos os grupos de ideologia distintas apontam a mesma falsa defesa: as vacinas nunca foram compradas. É o argumento dos advogados de Lula sobre o tríplex e o sítio: "nenhum imóvel está em meu nome" é similar a "nenhuma vacina foi comprada".

Crime de corrupção é considerado pela justiça, mesmo em ser efetivado. A tentativa já é considerada delito, mesmo que o crime tenha sido descoberto e impedido sua execução. Mas esse aspecto jurídico importa menos aos apoiadores de Bolsonaro e Lula. É a equivalência no comportamento bovino preso à cegueira ideológica que deve ser abordada, estudada e combatida.

O réu mais popular do Brasil, o ex-presidente Lula, teve ampla defesa com os melhores e mais caros advogados do país. Só a cegueira ideológica em estado avançado, misturada à paixão e fé cega pela narrativa do culto ao personalismo faz alguém crer em "perseguição política e estado de exceção". Tese que o PT vendeu ao rebanho sobre a operação Lava-Jato contra o ex-presidente.

O preço do sectarismo

Essa mitificação em torno de Luiz Inácio Lula da Silva contaminou a esquerda no Brasil; e ela paga um preço alto pela narrativa "Lula Livre". Ao se engajar num problema que era apenas partidário da legenda e do ex-presidente, se expôs na defesa de um político com nove processos, todos por corrupção.

No desenrolar dos acontecimentos, em 2020, o ex-presidente Lula saiu da prisão no prédio da Polícia Federal onde cumpria prisão preventiva em Segunda Instância pela condenação do tríplex do Guarujá. Ele já tinha a condenação em Primeira Instância pelo sítio de Atibaia. Os imóveis são diferentes, mas a condenação foi pelos mesmos motivos: lavagem de dinheiro e ocultação de patrimônio. Em 2021, Lula da Silva se livrou das condenações, "com Supremo e tudo", junto com uma dezena de companheiros de condenações da Lava-Jato. O que houve?

Onde a impunidade reina

O Brasil é o país da impunidade. É quase um slogan vendido para os bandidos no exterior há décadas. Ronald Biggs foi o mais famoso ladrão internacional a se aproveitar dessa fama brasileira. Viveu trinta anos no Rio de Janeiro sem ser deportado para a Inglaterra. Só no fim da vida, retornou para morrer em Londres, no ano de 2013, aos 84 anos.

Quem não compreendeu a importância da Lava-Jato para o Brasil, não compreende o quanto a corrupção é corrosiva para um país. A Operação iniciada em Curitiba com o juiz Sérgio Moro e os procuradores locais, será sempre um marco contra a impunidade dos corruptos do "colarinho branco"; alcunha para bandidos ricos, imunes à justiça brasileira.

O presidente Bolsonaro se elegeu na onda *lavajatista* para colocar o inepto procurador Augusto Aras como Procurador da República. Escolhido fora da Lista Tríplice, sem nenhuma competência para assumir função de tamanha importância, Aras cumpriu a missão dada pelo presidente: destruir a Lava-Jato. Para isso contou com a fiel procuradora Lindôra Araújo e com políticos de todas as legendas: petistas, bolsonaristas e o Centrão de Valdemar da Costa Neto e Arthur Lira. Todos unidos para estancar a sangria e tendo Gilmar Mendes no STF como maestro.

O cargo de Procurador de Estado é um dos mais importantes na República. No passado, o procurador Geraldo Brindeiro recebeu apelido de "Engavetador da República". Estamos falando de 1995 a 2003, no primeiro mandato de Fernando Henrique Cardoso. Mas nem de longe Brindeiro cometeu os atos criminosos e a desfaçatez de Augusto Aras no comando da PGR.

O atual Procurador reeleito para o segundo mandato, numa votação vergonhosa no Senado Federal, está no cargo para advogar em favor das demandas presidenciais, dos filhos, dos amigos de fé e dos irmãos camaradas. Gente da categoria de Fabrício Queiroz, Frederik Wasseff e outros personagens obscuros, integrantes da milícia carioca, do esquema "Rachadinha" e outras mazelas palacianas.

Companheiros latinos

Na América do Sul, outros ex-presidentes cuja gestão foi contemporânea a de Lula sofrem processos ou foram presos. Todos corrompidos pela empreiteira Odebrecht. Houve um *modus operandi* (*modo pelo qual um indivíduo ou uma organização desenvolve suas atividades ou opera*) similar de corrupção. O Brasil exportou o modelo. Há zero dúvida sobre isso. Ao menos para as pessoas sensatas, sem paixões ideológicas. Por que a esquerda brasileira não reconhece, pede desculpas, enterra os mortos e segue em frente? **Fica à reflexão**.

Sugestão de leitura: *El engaño populista*, da cientista política guatemalteca, Glória Alvarez.

O pedido de desculpas do PT (*só que não*)

O Partido dos Trabalhadores nunca se desculpou pela crise econômica na Era Dilma, nem pela corrupção em ambos os governos petistas. Nunca admitiram erros e culpas pelos acontecimentos. O PT preferiu terceirizar responsabilidades para o PMDB do vice Michel Temer e, agora, em 2022, Lula se reaproxima do "vice golpista". Não vai ser patético ver o petismo engolir Michel Temer com a nata do MDB, depois de bradar golpe e golpista? Vai!

É fácil ser oposição, difícil é ser situação com telhado de vidro exposto às pedras. Tampouco Lula da Silva ou mesmo a presidente Dilma Rousseff, afastada por impedimento em 31 de agosto de 2016, tiveram algum gesto de grandeza nesse sentido.

O *impeachment* durou nove meses e ocorreu dentro da legalidade do processo político com base jurídica. O impeachment contou com todos os rituais previstos pela Constituição e todas as possibilidades de defesa, argumentos e chicanas jurídicas do advogado José Eduardo Martins Cardozo (PT/SP), que presidia Advocacia Geral da União – AGU.

O rito do impeachment passou pelas instituições constituídas e, no final, levou um *golpe constitucional* do ministro do Superior Tribunal Federal, Enrique Ricardo Lewandowski, que comandou os trabalhos. Ele permitiu à presidente afastada disputar cargos eletivos e ocupar cargos públicos.

Pela Constituição, Dilma deveria ficar inelegível por oito anos e ser proibida de ocupar cargos públicos. O senador alagoano e ex-presidente Fernando Collor de Mello fez pronunciamento reclamando do fato, uma vez que ele próprio esperou oito anos para se candidatar novamente. Collor foi o primeiro presidente brasileiro eleito, após a redemocratização, e o primeiro a sofrer impeachment.

Em 2018, Dilma se candidatou ao Senado Federal por Minas Gerais e foi rechaçada nas urnas ficando em melancólico quarto lugar. A sensatez mineira soou doce como os queijos e as cachaças daquela terra abençoada. Recentemente, Dilma declarou que não vai mais concorrer a cargos eletivos. O Brasil agradece a ex-presidente pelo momento de lucidez.

Relembre: *O impeachment do ex-presidente Fernando Collor de Mello durou apenas três meses (29/09/1992 a 29/12/1992). Ele renunciou no último minuto, antes de ser anunciado o resultado da Câmara dos Deputados, que foi positivo ao seu afastamento.*

"Gópi"

Mesmo depois de cumprido todos os ritos pelos nove meses de processo, dentro do Congresso e presidido pelo ministro do STF, ainda assim, a esquerda sectária preferiu negar a realidade. Após todas as chicanas jurídicas, o PT criou a narrativa "golpe" e fez o rebanho repetir o mantra *mil vezes até virar realidade.*

A culpa foi da *direita reacionária que não suportou ver pobre e preto andar de avião.* A culpa foi dos *golpistas* Temer, Cunha e Aécio; da *mídia golpista,* sendo a Rede Globo sua maior representante. Todas essas narrativas foram criadas durante o *impeachment* da pior presidente que o Brasil já teve, desde a redemocratização e até Bolsonaro assumir e lhe superar.

Para a esquerda sectária, o golpe parlamentar foi para tirar do poder uma *mulher honesta* que nunca se dobrou à corrupção e, claro, *não sabia de nada* que acontecia em seu entorno. Tal qual o ex-presidente Lula. Essa realidade paralela serviu apenas para o grupo que diz amém a tudo que o PT ordena, porque o restante da população do mundo real ignorou o delírio.

A esse tipo de comportamento de manada, o ex-ministro Antônio Palocci chamou de *"Seita"*, ao expor as vísceras da corrupção do partido, num acordo de pré-delação premiada. A colaboração de Palocci deu força às provas e convicções.

Há os que repetem a narrativa da *seita* para encher o peito e dizer: "sou de esquerda", porque é charmoso ser de esquerda. O problema é que narrativa não vira realidade. Serve apenas para manter a militância motivada. Fazer barulho, já que não há argumentos para a defesa dos fatos. Não há problema em ser de direita e conservador. O problema está em ser reacionário, machista, armamentista, agressivo, racista, homofóbico e querer destruir as instituições democráticas.

Pedaladas fiscais

O termo popular foi usado para explicar as operações do Tesouro Nacional com bancos públicos e privados. *Nunca antes na história deste país* um governo atrasou tanto os repasses das dívidas com bancos públicos. As pedaladas fiscais serviram de base jurídica ao *impeachment*, impetrado pela advogada Janaína Paschoal.

Três anos depois, Janaína se elegeria pelo PSL como a deputada estadual mais votada do país para a Assembleia Legislativa de São Paulo. Janaína teve apoio do petista histórico e fundador da legenda, Hélio Bicudo, e do advogado Miguel Reale Junior (ele também apresentou documento jurídico contra Jair Bolsonaro na CPI da Pandemia, no Senado Federal, em 2021).

Os três apresentaram uma peça jurídica impecável com todos os argumentos bem fundamentados para o processo de impedimento da presidente Dilma. O *impeachment* é um processo político com base jurídica e usar bancos públicos para encobrir déficit fiscal é crime de responsabilidade.

Malucos da economia

A intenção das pedaladas dos economistas Guido Mantega, Arno Agostim e Nelson Barbosa, o trio de irresponsáveis que comandava a economia na gestão Dilma, foi mascarar a situação fiscal do governo. *É a economia, estúpido*. Você não pode errar na economia. O desastre econômico tirou Dilma do poder. O *impeachment* foi o processo político para a execução da peça jurídica. Ela podia ter renunciado como fez Collor de Mello. Seria menos traumático.

O processo político do *impeachment* teve início quando o PT e Dilma rifaram o apoio à condução de Eduardo Cunha (MDB/RJ) à presidência da Câmara dos Deputados. Dilma foi avisada dos riscos, mas arrogância e teimosia são traços na personalidade da ex-*presidenta*. Grosseria é mais um. Imagine alguém com essa personalidade com o poder de ocupar o cargo público número um do Brasil. Ela não quis ouvir conselhos e pagou para ver.

Numa manobra tola, o PT insistiu na candidatura à presidência da Câmara dos Deputados com o arrogante Arlindo Chinaglia (PT/SP) que até as paredes do Congresso sabiam, não tinha a menor chance contra o então *Poderoso Chefão* do baixo clero, Eduardo Cunha.

A maior crise econômica
O PT nunca pediu desculpas aos brasileiros pela maior crise econômica causada na gestão da presidente Dilma. Crise que jogou mais de catorze milhões de trabalhadores no desemprego e na informalidade e fez o PIB despencar para 4% negativos. O não reconhecimento da culpa pela crise foi um erro. Continua a sê-lo.

Se o Partido dos Trabalhadores tivesse a humildade de reconhecer os erros da gestão Dilma Rousseff, é possível que o índice de rejeição à legenda não atingisse patamares tão altos. Nem que o antipetismo fosse capaz de eleger o representante da direita mais extremada, personalizada em Jair Bolsonaro. O PT nunca fez autocrítica ou reconheceu a culpa pela corrupção sistêmica na Petrobrás, pelos seus ministros presos e por seu líder condenado. Ao invés disso, criou narrativas de vitimização e pôs a culpa em todos os atores políticos, isentando-se das responsabilidades.

"Acuse o adversário do que você faz, chame-o do que você é". *A frase é de Vladimir* Ilyitch *Ulianov, conhecido por Lênin, um dos líderes da Revolução Russa, no início do século XX, que daria origem à União das Repúblicas Socialistas Soviéticas – URSS.*

Leitura sugerida: A revolução dos bichos, de George Orwell.

Política miúda

Mesmo com o cinismo petista de acusar os adversários pelos erros cometidos pela legenda, há outros atores que tramitam na obscuridade da ironia partidária contra o Brasil. Esquerda ou Direita, o sistema apodreceu faz tempo. Sectarismo não é privilégio da velha esquerda, presa em conceitos arcaicos e anacrônicos do século vinte.

Representantes de outras alas indefinidas atuam pensando na próxima eleição, como ficou explícito na fala do deputado Paulo Pereira da Silva (Solidariedade/SP), o Paulinho da Força. A ambição com pitadas de mau-caratismo vai longe, quando o componente político se impõe. Eis a frase de Paulinho da Força em relação à votação da Nova Previdência: "Precisamos de uma Reforma da Previdência que não garanta a reeleição do Bolsonaro". Ou seja, não importa a situação fiscal do país, *precisamos* (eles precisam) pensar na eleição.

A Reforma da Previdência foi a primeira de uma série de reformas do Estado para dar base à modernização do Estado brasileiro. A primeira tentativa da Reforma Previdenciária ocorreu na gestão FHC (1995-2002), depois com Lula da Silva (2003-2010). Em ambas houve avanços importantes, sem conseguir, no entanto, interromper o aumento da dívida pública da Previdência social, nem aprovar a idade mínima para aposentadoria, item principal e o mais combatido. Todas as categorias querem trabalhar menos, se aposentar cedo, receber muito e continuar a trabalhar com duas rendas. É normal do brasileiro "levar vantagem em tudo, certo?".

Mesmo que o mérito de aprovar a Reforma em 2019 seja atribuído ao Poder Legislativo, sob o protagonismo do então presidente da Câmara, Rodrigo Maia (DEM/RJ), o legado na história política é do grupo político no Poder Executivo: o presidente Bolsonaro; que, diga-se, mais atrapalhou do que ajudou durante o processo de debate na Câmara.

Como disse a senadora Simone Tebet (MDB/MS), numa de suas ótimas declarações republicanas: "o presidente Jair Bolsonaro pode ajudar a aprovar a Reforma da Previdência no tempo mais rápido possível ficando calado, evitando dar declarações polêmicas que atinjam o Congresso Nacional". A senadora disse o que todos no Congresso, inclusive aliados, pensam das bobagens do capitão.

Legado da Reforma

Pode ou não ser justo que o presidente leve os louros pela aprovação da Reforma. Também pode ou não ser esse o entendimento da população na eleição presidencial de 2022, se a economia reagir aos efeitos do conjunto de reformas previstas: previdenciária, tributária, administrativa, privatizações, liberdade econômica, entre outros itens saudáveis da economia liberal. Veremos qual a percepção do eleitor brasileiro no resultado eleitoral: se favorável à continuação da gestão Bolsonaro ou à mudança de novos atores no Planalto.

Se o eleitor perceber que o presidente não ajudou a melhorar o Brasil, se ateve a fazer barulho, às pautas de costumes medievais e de insistir em proteger os filhos ao ponto de tentar promover o filho 03, fritador de hambúrguer, como embaixador nos Estados Unidos.

Sempre que incluímos o adjetivo "extremistas", sugerimos alguém "radical, excessivo". Os extremos atraem tanto cabeças pensantes, quanto mentes doentias; presas em conceitos inconcebíveis para ambientes democráticos e republicanos. É desse modelo *extremista* que o Brasil precisa se libertar em ambos os lados ideológicos. Pela dinâmica da política até este ano de 2022, o país vai seguir dividido entre os dois extremos ainda por algum tempo.

O eleitor isentão

Em 2018, o resultado da eleição foi de 42.466.402 (30.87%) em votos Nulos, Brancos e Abstenções. Eleitores que não se sentiram confortáveis – representados – por ambos os candidatos, Jair Bolsonaro e Fernando Haddad, e os grupos que eles representam. Dois projetos políticos distintos e antagônicos, cada qual com características próprias já bastante estudadas pela Ciência Política e pelos analistas do bom jornalismo político.

A qual bolha você pertence?

Para cada grupo ideológico, o extremista é o outro. O lado podre é o outro. Quem quer destruir o Brasil é o outro. O atraso é outro. A qual bolha você pertence? Ambos estão certos e ambos estão errados em suas concepções.

Certo porque quem está do lado oposto acredita em sua certeza absoluta; errado, porque o país é uma democracia consolidada, apesar das fragilidades, com instituições capazes de lidar com forças antidemocráticas.

Democracia é a convivência do pensamento heterogêneo, distinto, diferente. As pessoas não são iguais, nem nas ideias, nem nos ideais que elas defendem. O crime contra a democracia se dá quando as atitudes vão contra a justiça, a ordem pública e as instituições. Esta linha de atuação é o melhor juiz *isentão*.

Quem é seu bandido de estimação?

Se o seu candidato ataca instituições e descredibiliza resultados científicos de órgãos conceituados; se ele quer mudar regras e leis para adaptá-las ao seu pensamento; se o seu herói quer mudar a história do Brasil para o jeito, forma e conteúdo de como ele próprio acredita; se o descendente dele fala em fechar o STF com um soldado e um cabo; se o seu bandido preferido passa por cima do bom senso da ética para impor um filho na embaixada mais importante do mundo... Significa que ele dá sinais de autoritarismo.

Ou o seu candidato é daquele grupo que considera procuradores da República bandidos; que acham que alguns procuradores do MPF perseguiram junto com um ex-juiz de primeira instância o seu corrupto de estimação para que ele não participasse da eleição de 2018; que este corrupto preso é inocente, mesmo após todas as defesas possíveis, provas físicas e delatórias apresentadas; que ele é vítima da direita reacionária e da FIEPE; que este condenado é a pessoa mais *honesta deste país*; um sujeito puro e virgem de pecados capitais, mesmo que haja contra ele pelo menos seis processos por corrupção em andamento... Você precisa se tratar.

Siga o sinal

Ditadores dão sinais antes de assumir-se como tal. Felizmente, o Brasil tem instituições consolidadas para impedir avanços autoritários. Se não tivesse, teríamos hoje a mídia regulada pelo Partido dos Trabalhadores que tem verdadeira tara em consolidar este projeto, candidamente chamado "democratização da mídia" para impedir que "as seis famílias mais ricas do Brasil dominem os meios de comunicação no país".

A narrativa é sempre em favor da democracia, mesmo que o conteúdo seja perverso. Ou o tal projeto dilmista de conselhos populares (o Marketing da esquerda recomenda sempre usar nos projetos os termos "popular" e "democrático") que tentou colocar conselheiros na gestão das estatais.

Nada mais *bolchevique* do que esta esdrúxula proposta, que, felizmente, a Câmara dos Deputados vetou. Era imitação barata do Chavismo que conseguiu aparelhar as estatais e instituições venezuelanas.

Pela monstruosidade da proposta, ela pode ter sido elaborada por José Dirceu (senhor cérebro), Marco Aurélio Garcia (*top top*) ou Gilberto Carvalho (Gilbertinho, ex-seminarista). Algumas das três criaturas mais perigosas que estiveram no poder nos dois governos petistas.

A companheira Dilma

A estratégia de colocar alguém incapaz, manipulável, na presidência da República não foi à toa. Sobrou para o Brasil a consequência. Dilma nos tempos de guerrilheira contra a ditadura militar tinha a função de bibliotecária.

Ela recebia ordens dos companheiros para operacionalizar fundos para a causa política da *resistência*. Isso quer dizer assaltar bancos, sequestrar pessoas, explodir imóveis e crimes afins. Coisinha à toa. É a causa, companheira.

"Os fins justificam os meios, companheiro" é uma frase antiga que o ex-ministro da Casa Civil, José Dirceu (PT/SP), herói do petismo de punhos ao alto, usou para justificar a compra de deputados na Câmara, no primeiro mandato do Governo Lula.

A operação ficou conhecida por "Mensalão do PT", mas só o publicitário Marcos Valério foi preso. À época, ainda não havia um juiz de primeira instância com expertise para usar o *follow the money*; nem jovens procuradores dispostos a combater a corrupção e os intocáveis criminosos de colarinho branco.

Uma curiosidade: o ministro e ex-juiz Sérgio Fernando Moro, que dispensa apresentação, foi assessor jurídico no STF durante o mensalão.

Anos de chumbo

No grupo que lutava contra a ditadura nos anos 1970, Dilma não planejava as ações. Ela recebia ordens e as executava. A *presidenta* era *soldada* a serviço da causa. Atuava com o lado operacional do mecanismo, não com o planejamento. Uma jovem de dezenove anos cujo disfarce era organizar os livros de uma biblioteca. Nem nos maiores pesadelos, ela sonhou que chegaria à presidência do Brasil. *Pode culpar o Lula por isso.*

Dilma nunca teve intelecto para liderar, nem estrutura emocional ou qualquer atributo para ter papel de destaque na administração pública. Nunca deveria ter sido, sequer, ministra de Estado. Foi uma irresponsabilidade alçá-la desta forma; e Lula da Silva sempre soube disso.

Ela mais uma vez foi usada pelo grupo, por uma causa. Como boa soldada da esquerda festiva, cumpriu ordens. Apegou-se ao cargo (o doce mel do poder que embriaga), onde a sua palavra é ordem. Para quem tem viés autoritário é uma delícia. Para quem as recebe, uma temeridade.

Choque liberal

O governo de Jair Bolsonaro (PSL/RJ) foi eleito para dar um choque de liberalismo econômico no Brasil. Muito bem-vindo, diga-se. E ele está cumprindo a missão, mesmo que durante vinte e oito anos de um mandato parlamentar medíocre tenha votado contra as pautas liberais.

Muitas vezes, alinhado ao Partido dos Trabalhadores e aos demais partidos de esquerda. E ele já reconheceu isso. O que é válido e conta a favor dele. Reconhecer é parte do caráter humano. Quem o faz é reconhecido e até perdoado. Quem se recusa, nunca o será.

Bolsonaro e Dilma: iguais em seus antagonismos

Reconhecer erros é a parte humana da política que políticos brasileiros têm dificuldades em fazê-lo. Ao abrir o país à economia de mercado e soltar as amarras que os governos Lula e Dilma não fizeram por linha ideológica, Jair Bolsonaro avança na própria incapacidade como gestor.

Há semelhanças entre Bolsonaro e Dilma. Similaridades em seus antagonismos. Ambos falam bobagens, dia sim, outro também. Ambos têm ideias equivocadas sobre o mundo e são arraigados em suas convicções de vendavais.

Cada um radicaliza de acordo com a própria viseira ideológica, sem entender que a liturgia da função presidencial o obriga a outro tipo de comportamento. A diferença positiva do ex-capitão sobre a ex-guerrilheira é que o atual presidente se cercou da melhor equipe econômica disponível e deu carta branca à economia liberal, mesmo desacreditando dela. Dilma fez o inverso.

Reuniu a pior equipe econômica que pensava alinhada à sua mente estúpida. Juntos fizeram o mais difícil que foi destruir as bases macroeconômicas do Plano Real para inventar o remendo Nova Matriz Econômica. Sem juízo, nem base na realidade; a não ser no mundo paralelo em que ela e os companheiros vivem.

O medo do Capitalismo

Capitalismo (*sistema econômico baseado na legitimidade dos bens privados e na irrestrita liberdade de comércio e indústria, com o principal objetivo de adquirir lucro*) é o único sistema político, social e econômico que faz algum sentido numa sociedade onde o dinheiro é o objeto de troca para bens e serviços.

Justiça Social se promove quando há dinheiro circulando gerado por negócios, contratos, serviços, empresas privadas, trabalhadores Estado não gera riqueza. A iniciativa privada gera riqueza.

Os trabalhadores informais e formais se beneficiam da produção da riqueza. O Estado vive da geração da receita do mercado de bens e capitais. O *Senhor Mercado* regula o mundo real dos investimentos.

Capitalismo é o sistema mais democrático no âmbito social e político. Aberto e liberal para o cidadão, onde o respeito à liberdade individual é um mantra; onde Estado interfere menos nos negócios privados e na vida do cidadão.

Paixão pela utopia

A China é ótimo exemplo da dicotomia do sistema comunista (ou socialista) entrelaçado ao capitalista, numa hipocrisia que faz sentido para quem se debruça sobre a história do que foi a ditadura de Mao Tsé-Tung.

Um dos maiores genocídios da história das civilizações, comparável à violência de Josef Stálin, na ex-URSS, e o holocausto de Adolf Hitler, na Alemanha. É espantoso que haja partidos no Brasil mantendo a palavra comunista na sigla, como o PC do B e o PCB. Bastante anacrônico. Sobreviverão ao século vinte e um?

A dubiedade chinesa

Apesar de o comando político ser apenas de um partido único, o longevo Partido Comunista da China – PCC (a sigla lhe sugere algo?), os chineses gozam de prosperidade e da liberdade que não tiveram no passado, quando o *Comunismo de Raiz* prevaleceu com o líder Mao Tsé-Tung. Liberdade limitada; é a bem da verdade.

O sistema é hipócrita, já que o cidadão chinês não tem o direito ao voto, nem à escolha dos seus representantes, nem às críticas aos líderes do PCC.

Em compensação a insatisfação é pequena e o apoio ao regime é maioria. Os movimentos pró-democracia em Hong Kong são um caso à parte. A cidade foi o embrião da China capitalista e sempre funcionou como unidade autônoma, independente do governo central.

Agora, há uma nova geração exigindo o direito ao voto e à pluridade partidária. A China ao englobar (ou mesclar) o Capitalismo à ditadura comunista *de raiz*, avançou no aspecto econômico e no bem-estar social para uma população de 1,4 bilhão de habitantes, segundo dados de 2017 do Banco Mundial.

Empresas chinesas e multinacionais produzem riqueza e o país interage com o mundo em parcerias comerciais. Diferente do que restou à segregação de Cuba e da Coréia do Norte que insistem num país fechado de um modelo falido.

País fechado é país corrupto

A Venezuela é outro mau exemplo do que há de mais pernicioso aos que insistem em sistemas econômicos fechados, retrógrados, de ideologias anacrônicas, com discursos anti-imperialistas, onde o culto ao personalismo turbina o sectarismo e a corrupção. Quanto mais fechado um país, mais corrupto ele é. A previsão é que a Venezuela demore mais de quinze anos para se recuperar, após a saída de Nicolás Maduro do poder.

A falta de transparência e ausência de organismos internacionais sugerem líderes corruptos. Há dezenas de republiquetas no continente africano nessa situação, cujos governos Lula e Dilma se empenharam em fazer negócios. A causa humanitária não foi o motivo para o empenho.

O Partido dos Trabalhadores e o próprio Lula da Silva foram parceiros de primeira hora da ditadura Chavista (sistema político do ex-presidente Hugo Chaves) e do continuísmo psicopata do atual ditador Nicolás Maduro. O PT nunca pediu desculpas por isso. O partido e seus seguidores continuam na defesa cega à ditadura de sangue, corrupção e perseguição política.

Justiça social se faz com dinheiro

Em termos de justiça social pode-se questionar os abismos entre ricos e pobres no capitalismo, mas é o único sistema que dá chances ao cidadão ascender na escala social e enriquecer; onde a oportunidade de empreender é estimulada e onde são gerados empregos na iniciativa privada.

Cabe ao Estado, com recursos providos pelos impostos das empresas nacionais, multinacionais e da população promover educação, saúde, segurança, infraestrutura. Regular o mercado, sem travá-lo. Liberar a economia e aceitar as leis de mercado sem tolhê-lo; limitar os abusos e desvios de conduta pelas agências reguladoras e pelos órgãos institucionais de controle econômico e social.

MP da Liberdade Econômica

Nesse aspecto de liberalismo econômico, a equipe de Jair Bolsonaro deu uma goleada com a Medida Provisória 881, publicada em 30 de abri de 2019. *O objetivo da MP é "desburocratizar o ambiente econômico e facilitar a vida do cidadão".* É inacreditável que não tenha surgido antes em governos anteriores e mais ainda que esse governo incompetente não tenha faturado em imagem com essa iniciativa.

Segundo as informações do secretário especial de Desburocratização, Gestão e Governo Digital, Paulo Uebel, responsável pela pasta que enviou a MP ao Congresso, o Estado quer ser menos intervencionista em atividades de baixo risco. Na prática significa não atrapalhar o empreendedor com burocracia desnecessária como alvará de funcionamento para atividades de baixo risco.

Um aspecto relevante é impedir a corrupção de agentes públicos. É comum no funcionalismo, pessoas com poderes de autorizar alvarás e permissões cobrarem propina. O *jeitinho brasileiro* do "criar problema, para vender solução".

Selo de desburocratização

Em 2018, a Lei 13.726/18 deu um passo importante para o Brasil avançar para reduzir a burocracia entranhada na República desde os tempos do Império. Esta lei foi sancionada pelo presidente Michel Temer (PMDB/SP).

Ela desobriga a exigência de reconhecimento de firma e autenticação de cópia de documentos, além de apresentação de certidão de nascimento, título de eleitor (exceto para votar ou registrar candidatura) e autorização com firma reconhecida para viagem de menor se os pais estiverem presentes no embarque.

A nova lei também estimula a simplificação de procedimentos administrativos nos próprios órgãos públicos e dificulta a prática do "criar dificuldade para vender facilidade". A partir dela, os órgãos públicos devem criar grupos de trabalho para identificar procedimentos desnecessários, além de sugerir medidas legais ou regulamentares para eliminar o excesso de burocracia.

A partir da promulgação desta lei, houve a dispensa de reconhecimento de firma. Basta o servidor comparar a assinatura do cidadão com a firma que consta no documento de identidade.

Para a dispensa de autenticação de cópia de documento, haverá apenas a comparação entre original e cópia, podendo o funcionário atestar a autenticidade.O texto prevê, ainda, a criação do Selo de Desburocratização e Simplificação, destinado a reconhecer e a estimular projetos, programas e práticas que simplifiquem o funcionamento da administração pública e melhorem o atendimento aos usuários. A nova lei teve origem no substitutivo da Câmara (PL 7064//17) ao projeto do senador Armando Monteiro (PTB-PE).

Caçador de Marajás

Após a redemocratização e a Constituição de 1988, decretou-se a estabilidade de um modelo democrático para o Brasil. Houve a malfadada aventura de Fernando Collor de Mello (PROS/AL), representando a direita, oriunda da elite alagoana.

Collor promoveu um pouco de abertura econômica ao mercado externo, inspirada em modelo liberal. Foi na gestão do primeiro presidente eleito pelo voto direto, após a redemocratização, que teve início o Programa Nacional de Desestatização.

Houve a redução gradual de tarifas de importação, com objetivo de aumentar a competição interna e forçar a economia de mercado a regular os preços. Com importados mais baratos, os produtores nacionais foram forçados a reduzir preços e melhorar a qualidade dos produtos.

Democracia é de esquerda ...

Depois, do "caçador de marajás", slogan usado por Collor na campanha, o país elegeu três presidentes de esquerda. Inclua-se o sociólogo Fernando Henrique Cardoso (PSDB/SP) representando o campo Centro-Esquerda da Social Democracia. A partir da redemocratização formou-se no país uma "certeza": a de que a democracia é de esquerda e a ditadura, em sua pior e mais cruel face, de direita. Nesse contexto, fascismo e liberalismo viraram sinônimos. Isso fez a cabeça de muita gente e continua a fazer.

Por isso a necessidade que alguns têm de se autoafirmar: *eu sou de esquerda, viu?* Para que não reste dúvida. Para não se misturar. Para não ser confundido. Como que ser de direita seja uma tremenda ofensa. Quem conhece cada um desses conceitos, sabe que isso não faz sentido. Essa visão enraizada, enviesada, zarolha e torta faz com que parte da esquerda brasileira, os mais *dodói*s, continue mantendo apoio ao presidente da Venezuela, Nicolás Maduro, porque ele é um homem de esquerda tentando implantar o *verdadeiro socialismo*; que a Venezuela é vítima dos *imperialistas* americanos interessados nas reservas de petróleo; que as notícias são distorcidas pela mídia reacionária para *aumentar o ódio* na sociedade contra o socialismo e outras tolices do gênero. É a negação da realidade e lavagem cerebral em grau máximo. Caso para terapia.

... e ditadura é de direita

Essa percepção – democracia é de esquerda e ditadura de direita - por bastante tempo norteou e, infelizmente, ainda norteia parte da sociedade. Alguns políticos seguem essa manada pelos votos. Ser chamado de direita era - e ainda é - quase uma ofensa. Essa direita esteve silenciosa após a redemocratização e ganhou voz com Jair Bolsonaro. Como escreveu a jornalista Ruth de Aquino, em artigo de "O Globo", em 09.08.2018: "Um terço dos brasileiros pensa e age como o presidente. Atacam com ofensas, ameaças e palavrões qualquer um que não se alinhe com o bolsonarismo. Jair tirou a máscara da extrema-direita; e isso é bom".

Panelaço

O "panelaço" foi uma das manifestações que a Esquerda convencionou chamar de "Direita" (a Esquerda sectária brasileira confunde o cidadão comum, trabalhador que bate ponto, produz riqueza, gera emprego e renda com representantes da Direita). As batidas das panelas nas ruas, nas janelas dos prédios, nas portas dos carros, na mídia foi uma manifestação legítima e bem-vinda contra a presidente Dilma Rousseff e sua gestão barafunda.

Foi um alerta ensurdecedor que a esquerda sectária preferiu descredibilizar, como faz com tudo o que não se alinha ao pensamento homogêneo da bolha. Igualzinho como os zumbis do bolsonarismo. A esquerda ironizou o *panelaço* com comentários ofensivos nas redes sociais, tentando desqualificar a manifestação legítima do cidadão exausto dos heróis-bandidos da esquerda: Lula, Dilma, PT e os demais companheiros de mão cerrada para o alto. Como se narrativas e gestos para a bolha ocultassem os crimes cometidos por quatro mandatos presidenciais consecutivos.

Quem é o manipulado?

A indignação da sociedade nunca foi tão legítima e nada teve a ver com "manipulação da mídia", como repetem os rebanhos convictos. A população foi às ruas em 2015, pedir o impeachment de Dilma Rousseff, de maneira espontânea e legitima. Não foi uma campanha da Rede Globo, nem da mídia reacionária, da Lava-Jato, do MBL ou dos procuradores de Curitiba. Pode-se inventar mil mentiras ideológicas para justificar o choro dos perdedores que a realidade não será mudada. Os balões de Lula, a camisa e a bandeira verde amarela expunham a indignação, a revolta pelo descalabro da gestão e da corrupção do PT. Isso tudo é parte da realidade que o convertido, preso numa bolha não admite.

Por muito tempo se disse que o brasileiro é pacífico, que não se revolta. Mas se revoltou. E esta revolta foi legítima. Só quem não gostou foi a esquerda que continuou negando a realidade. Criando fantasias e narrativas para justificar um movimento que foi saudável para o país. Quem foi às ruas bater panela, vestindo camisa verde e amarela, foi gente normal. Trabalhadores, empresários, aposentados, donas de casa, estudantes. Gente comum que não faz parte de movimentos estudantis, nem de sindicatos. Também não se falava em bolsonarismo, mas a célula estava formada. Cabia à Esquerda entender, fazer autocrítica e evitar o empoderamento desta força ainda pequena.

Não foi "a elite desse país", como a Esquerda tentou classificar. Não foi um movimento iniciado como organização partidária. Formaram-se o Movimento Brasil Livre – MBL, o Vem Pra Rua e outros agrupamentos, legítimos e saudáveis na sociedade organizada. Mas não foram movimentos controlados por partidos como a UNE, corrompida pelo PT que jorrou recursos dentro da entidade e a domou nos anos da corrupção sistêmica na Petrobrás e em outras estatais.

Ustra: o grito de guerra

A última eleição é sempre a próxima. Político não gosta de ser impopular. A ideia sobre liberalismo como sinônimo de fascismo atrasou o desenvolvimento econômico do Brasil. Só na eleição de 2018, com a economia arrasada pela gestão do PT, tendo Dilma Rousseff como protagonista, trouxe de volta o debate do liberalismo na economia. O capitalismo como modelo econômico e sistema de governo.

Mesmo o presidente Bolsonaro, que atuou contra o liberalismo como parlamentar na Câmara dos Deputados, surfou essa onda. Ele enxergou lá na frente, a partir da vitória de Dilma em 2013. A candidatura de Jair começou ali, a partir da pequena diferença de votos entre a eleita e o segundo colocado. Ele percebeu que precisaria representar o mais radical antipetismo na essência. E deu o grito de guerra na votação do *impeachment* ao dedicar o voto para o coronel do Exército, Carlos Alberto Brilhante Ustra. (Chefe do DOI-CODI, órgão da repressão política no período da ditadura militar. Há suspeita de que Ustra teria sido um dos torturadores da ex-presidente Dilma).

Marketing Político

Maldade aguda, fina, pensada e planejada para a noite da votação, quando os brasileiros voltavam seus olhares e ouvidos para o parlamento brasileiro. Causou revolta na Esquerda e alvoroço na Direita extrema. Pela primeira vez, desde a redemocratização, um deputado federal soltou a voz antidemocrática que estava silenciada desde 1985. "Jair tirou a máscara da extrema-direita", escreveu a jornalista Ruth de Aquino, "e isso é bom" (O Globo, 09.08.2019).

Quem lida ou tem algum conhecimento em marketing político percebeu ali o grito de guerra do candidato a presidente. Um uivo a um público-alvo específico; o monstro da lagoa da música "Cálice", de Chico Buarque e Gilberto Gil. Foi uma estratégia de marketing que surtiu o efeito desejado. O voto de Bolsonaro foi um dos mais comentados entre os 513 deputados daquela noite histórica que varou a madrugada.

"Ame-me ou odeie-me, mas fale de mim". Aprendeu? O núcleo mais duro da Direita brasileira, enfim, ganhou voz outra vez. Alguém teve "coragem" de gritar o nome de um torturador da ditadura militar dentro do parlamento para o mundo ouvir. Não é qualquer um que faria isso. Tem que ser bem doido, esperto ou apenas um populista sem nada a perder. Alguém que percebeu o momento em que o cavalo selado à presidência vai passar, porque há um hiato de poder; mas não há vazios de poder. Julgue-o como quiser, mas não o ignore. Ele vai fazer estragos.

Anticristo do petismo

Quem é esse deputado? Ele é o sentimento antipetismo de raiz, o anticristo da esquerda. O oposto de *tudo isso que tá aí, pô. Talkei?* "No tocante" ao principal antagonista do PT, o PSDB começou a perder a batalha da eleição presidencial 2018 naquela noite, porque perdeu o protagonismo de ser o antagonista do petismo. A batalha já tinha sido perdida por Geraldo Alckmin lá atrás, na eleição de 2006, quando Lula da Silva acusou o então candidato do PSDB de querer privatizar a Petrobrás.

O candidato liberal ao invés de assumir a possibilidade ou de se posicionar como um presidente capaz de reduzir o tamanho do Estado, fraquejou e virou fantoche. *"Touché"* para Lula da Silva que venceu com a diferença de 60,83% contra 39,17% no segundo turno.

Em 2018, quando Geraldo foi lançado candidato a presidente pela legenda paulista, ele já não era mais visto como o candidato antipetismo, mas era o candidato com o melhor currículo. O mais equilibrado e com legado de dois mandatos no governo paulista. Seria o melhor voto para os milhões de eleitores que não se sentiam representados por ambos os candidatos que chegaram ao segundo turno. Em 2018, o eleitor quis sangue; e sangue foi o que "é melhor Jair se acostumando" ofereceu.

Geraldo foi dócil demais, porque é a maneira dele de ser. É possível que o então prefeito de São Paulo, João Dória, tivesse um protagonismo mais convincente como antiesquerdista. O sentimento antipetismo colou em Bolsonaro que comprara este protagonismo em 2016 no voto do impeachment de Dilma Rousseff. Ele preencheu a lacuna de uma Direita reacionária com todas as tolices que misturam religião, Deus, família e propriedade. Algo anacrônico demais para o Século Vinte e Um, mas captado pelo medíocre deputado carioca. Ele deu voz ao cidadão que não suportava a mentira, a vitimização, as narrativas; o petismo em sua mais deplorável essência de não fazer autocrítica e reconhecer erros.

Já ir se acostumando

A gestão de Jair Bolsonaro é indefensável. É um "destrambelhamento", como bem classificou o advogado e escritor José Paulo Cavalcanti, em entrevista à Rádio Folha FM, do Recife, em 07.08.2019. Zé Paulo como é conhecido é uma pessoa agradável, inteligente, culta. Advogado brilhante e acima de qualquer suspeita. Ele é odiado pelos petistas, porque nunca dourou pílulas para falar sobre o crime e o castigo legítimo ao Lula. Da mesma forma, não dourou pílulas para criticar o palavreado sem filtro de Bolsonaro, ao tentar mudar a história da ditadura militar no Brasil, de acordo com a própria conveniência e ideologia de ex-capitão do Exército. José Paulo fez parte da Comissão da Verdade durante os dois anos que durou o projeto em Brasília.

Bolsonaro foi um militar medíocre com apenas quinze anos na função, seguindo logo para a política, onde passou vinte e oito anos como deputado federal, também com atuação medíocre. Ou seja, é mais político do que ex-oficial. Isso foi dito até por militares que atuam no governo. Na Câmara dos Deputados, em Brasília, Jair não fez parte de comissões, não apresentou projeto de relevância e votou por três décadas em projetos estatizantes, alinhado aos arqui-inimigos da esquerda, sendo apenas mais um, entre tantos, deputado de baixo clero.

Bateu boca com a deputada Maria do Rosário, Manuela d'Ávila e o ex-deputado Jean Willys, além de responder a processos por falta de decoro; ou seja, você pega um currículo desses e elege essa pessoa para presidir um país complexo como o Brasil? Para apaziguar ânimos e conflitos ideológicos? Você o contrataria para gerenciar sua lojinha, uma fábrica, indústria ou o deixaria administras suas finanças?

Capitânia hereditária

Nas três décadas na Câmara, Jair Bolsonaro levou os três filhos para a política. O que não é crime, mas soa como herança das capitânias hereditárias; mais do mesmo da mofada política brasileira. Um tipo de comportamento que tira valor no currículo de alguém que "quer mudar tudo isso que tá aí, pô". Nas três décadas, Bolsonaro não se candidatou a prefeito, nem para governador do Rio de Janeiro. Não se candidatou a nenhum cargo majoritário. Para o político medíocre, é mais fácil se esconder no Legislativo, entre 513 deputados engravatados.

Ficar "de boa", aproveitando as benesses das regalias concedidas à classe dominante da política, sem tentar "mudar tudo isso que tá aí, pô". Foi o que ele fez. Igual a Lula da Silva, que passou apenas quatro anos como deputado, numa atuação medíocre e despercebida. Essa é a realidade companheiro. Por mais que doa, é assim que agem os populistas e políticos sem competência.

Não é o cara

Jair Bolsonaro foi a pior escolha dos brasileiros para ser chefe da nação e nem de longe foi escolha da maioria. Os votos anulados e as abstenções aferem essa afirmação; e, dificilmente, ele será algum dia. O estilo duro, agressivo; as palavras sem filtro, sem noção, a educação formal limitada, o desprezo pela cultura e todos os demais problemas cognitivos, torna-o aquém do que o Brasil merece para o mais alto cargo público. Aquém dos anseios como liderança que o país precisa.

Ele foi o personagem que o eleitor escolheu pela emoção para um determinado momento de turbulência; do sentimento antipetismo, antiesquerdimo, anti tudo e qualquer coisa. O voto do contra, não o afirmativo. O voto raivoso, indignado, exaurido. Alguém para abalar as estruturas institucionais; enfim, alguém oposto ao que o Brasil vivenciara desde a eleição de Collor de Mello, em 1989. Como escreve Ruth de Aquino no ótimo artigo em "O Globo": "Quem sabe, um dia, Jair personificará tanto ódio, preconceito e desumanidade que uma oposição inteligente surgirá em nosso país". Torcemos para isso em 2022.

O Brasil precisa de um estadista

A frase "liturgia do cargo" foi cunhada pelo ex-presidente José Sarney em seu primeiro mandato presidencial, após assumir como vice do presidente eleito em votação indireta pelo

Congresso, Tancredo de Almeida Neves, morto antes de vestir a faixa (só o Brasil tem histórias como essa). A liturgia dita por Sarney refere-se à postura do homem que assume um cargo público.

A força da palavra de um presidente da República tem o poder de derrubar as ações das empresas na Bolsa de Valores de São Paulo, de repercutir negativamente na imprensa, gerar processos judiciais, entre outras *tretas,* incluindo uma Comissão de Inquérito Parlamentar no Senado Federal. A CPI da Pandemia vai perseguir Jair Bolsonaro pelo resto da vida. É mais um dos muitos erros que ele carregará na biografia como ex-presidente.

Frases presidenciais

Há três presidentes craques em frases que fogem à liturgia do cargo ou demonstram o estado de embriaguez do ego: Lula com as frases de efeito criou o *"nós contra eles"; "nunca antes na história desse país"; "esta crise (2008) é uma marolinha".* Dilma, imbatível na retórica sem noção, fez *stand up comedy* com: *"a invenção da mandioca"; "estocagem do vento"; "respeito o ET de Varginha". "Foi um pouco mais de 38%, mas eu fico em 38% para ninguém dizer: 'Ah, ela disse que era 38', mas não é não. É 39, 38 e qualquer coisa ou é 36. 38, eu acho que é 39, mas vou dizer 38".*

As frases de Jair Bolsonaro podem não ser tão confusas quanto as de Dilma, nem tão egocêntricas como as de Lula, mas são fora de qualquer liturgia do cargo. Em apenas oito meses, o presidente já desfiou um rosário de pérolas: *"se o presidente da OAB quiser saber como é que o pai dele desapareceu no período militar, conto para ele"; "falar que se passa fome no Brasil é uma grande mentira"; "pergunta para as vítimas dos que morreram lá o que eles acham"; "quem quiser vir aqui fazer sexo com uma mulher, fique à vontade".*

O que ele ainda dirá até o final de 2021? Ele entenderá o que significa a liturgia do cargo? Há outras frases polêmicas de Jair Bolsonaro da época como deputado federal. Uma das mais conhecidas foi contra a deputada Maria do Rosário (PCdoB): *"só não a estupro porque a senhora não merece".* Tivesse a Câmara punido o então deputado pelo decoro parlamentar, talvez o desastre presidencial não acontecesse. Corporativismo dá nisso.

Dentre esses três últimos presidentes, o jurista Michel Temer se saiu melhor como grande orador, gesticulando as mãos e com a língua portuguesa irretocável, mesmo com algumas mesóclises no caminho. FHC é o intelectual vários níveis acima de todos. As bobagens que os três últimos presidentes eleitos disseram na imprensa e em eventos é surreal. Felizmente, tanto a regulação da mídia pregada pelo petismo por treze anos, quanto à exaltação à ditadura de Jair Bolsonaro para seus seguidores fanáticos são palavras vazias de populistas sem força para se concretizar.

Desconectada da realidade

O ser humano que se elege para presidente de um país sem estar qualificado para uma função dessa magnitude, tende a estragar tudo. Seria a mesma coisa como o C.E.O. de uma multinacional. Na iniciativa privada, o sujeito (a) nem seria admitido; caso fosse, a demissão seria rápida. Acionistas não toleram *Chief Executive Office* incapacitados. Só eleitores votam em pessoas incapacitadas para funções pagas com dinheiro público.

Pela analogia da multinacional, o C.E.O. do Brasil deveria ter vasta experiência em cargos executivos de alto grau na gestão privada; ou passagens exitosas em funções executivas como prefeito, governador, secretário, ministro. Qualquer um (a) fora desse padrão, tentando a presidência, deveria ser visto com desconfiança e cautela.

No currículo, o cidadão com pretensões à função pública tão relevante teria de ter domínio de, ao menos, duas línguas estrangeiras, além de não tropeçar na língua portuguesa. E, finalmente, ter alguma capacidade intelectual para discursar sem fazer a nação inteira passar vergonha. Pode parecer uma visão elitista, onde só determinado grupo social almejaria a função do voto popular. Esses atributos são apenas parâmetros dentro da analogia do C.E.O. ao cargo público.

Esses critérios não poderiam ser obrigatórios num regime democrático, mas o eleitor deveria discernir sobre a capacidade intelectual e emocional do candidato. Collor de Mello tinha base na educação formal e era poliglota, mas não tinha outros predicados. Políticos desenvolvem méritos de acordo com a trajetória pública ou privada. Não importa a origem social, mas o que foi desenvolvido ao longo da carreira profissional. O mais importante para o eleitor é estudar o histórico curricular do candidato até aquele momento. Por esse parâmetro, é mais fácil de detectar o erro antes de se ele ser cometido.

Honestidade é matéria-prima

A questão da honestidade não deveria nem ser questionada ao candidato à presidência da República ou qualquer cargo público, onde há o dinheiro dos impostos da sociedade. Honestidade é item básico, matéria-prima do ser humano que se propõe a exercer função pública. Para um agente público, a corrupção é intolerável.

O Brasil avançou nesse setor, após a Operação Lava Jato. Uma nova percepção foi criada na sociedade de o quanto a corrupção prejudica investimentos e serviços públicos. Mas regrediu desde que Jair Bolsonaro assumiu em 2019. Houve um retrocesso provocado pelo presidente envolvendo várias ações que vão desde a escolha do "anti lavajatista" assumido Augusto Aras entre outros aparelhamentos de

Estado, leis e decretos com objetivo de enfraquecer investigações e punições.

O presidente Bolsonaro se elegeu no meio do caos, entre a corrupção institucionalizada pela esquerda, representada pela organização Lula & Cia, e a radicalização do *contra tudo isso que tá aí, pô*. Capacidade intelectual, ideias cartesianas e experiência na administração pública não elegeram Bolsonaro, até porque ele não tem essas qualificações. O antipetismo o elegeu.

Racionalmente, seguindo o bom senso de eleger alguém com o perfil de gestor alto nível, o brasileiro votou errado em 2018. Isso não tira a legitimidade da eleição do ex-capitão do Exército.

Instituições fortes

As eleições brasileiras são limpas, auditadas e transparentes. A despeito de uns malucos suspeitarem das urnas eletrônicas, esse é um sistema moderno e seguro. Quem assume a presidência tem a dimensão de que pode muito como chefe do Poder Executivo; que tudo pode em sua gestão composta de decretos, medidas provisórias e frases desconectadas com a realidade.

Não fossem o Poder Legislativo e o Poder Judiciário, a Procuradoria Geral da República e a imprensa profissional, formada pelos veículos de comunicação em rádio, TV e impresso, o Brasil teria dificuldades em superar os desvarios autoritários do atual mandatário, da sua prole, dos seus assessores mais radicais e do "guru da boca suja", cuja pilantragem supera qualquer bom senso.

Nos dois governos petistas, entre 2003 e 2016, houve ensaios perigosos para desacreditar instituições. Dois deles bastante temerários: a tentativa de regular a imprensa e à criação de conselhos populares na gestão das estatais. A regulação da mídia teve ensaios desde o governo Lula da Silva, entre 2003 e 2010, até o impeachment de Dilma Vana Rousseff, em 31 de agosto de 2016. Não vamos nos aprofundar neles, basta o leitor acessar os canais de busca e estudá-los.

O governo Bolsonaro desde o primeiro ano de mandato ensaiou diversos balões não republicanos até a repudiável tentativa de golpe no 7 de setembro de 2021. O que é assustador, porque demostra ânsia de poder extremo sobre tudo e todos. Os ataques ao Poder Legislativo, Judiciário e à imprensa profissional são constantes. A mesma postura que o adversário Lula teve quando esteve no poder, mas usando narrativas e intensidades diferentes.

É isso que a sociedade entende como extremismo: ter a mesma postura do adversário, depois de acusá-lo pelo que agora o seu grupo faz igual. O vice-presidente, general Antônio Hamilton Martins Mourão, e o Exército Brasileiro tiveram o bom senso para abafar qualquer ranço autoritário do presidente.

Só Mentiras, nada mais

A derrota eleitoral do PT em 2018, por consequência de toda a Esquerda brasileira, pela diferença de 10.756.941 de votos, entre os dois candidatos no segundo turno, é resultado da insistência da candidatura Lula da Silva até o limite determinado pelo Tribunal Superior Eleitoral – TSE. A Esquerda se deixou levar por uma liderança que não tinha mais como liderar e por uma estratégia política fora da realidade e de qualquer bom senso.

Operando de dentro da cadeia, como fazem os marginais profissionais nos presídios, o ex-presidente Lula da Silva levou a Esquerda bovina a mentir à população. PT e PC do B sustentaram até o último momento que, mesmo preso e condenado em segunda instância, Lula seria candidato do grupo. A lei impede qualquer um de sê-lo nessas condições.

Mesmo se a candidatura se confirmasse, seria um escárnio com as instituições; com o processo eleitoral e tudo o que representa a democracia para o Brasil. Seria questionado em tribunais superiores. A eleição seria judicializada e o país que tinha urgência empacaria num processo sem fim. O PT quis o caos para o Brasil. Lula da Silva quis a vitória de Jair Bolsonaro para resultar nisso que está aí: o quanto pior para a situação, melhor para a oposição. Para o núcleo duro do petismo não basta ser responsável pela presidente que destruiu a economia do

Brasil e fez o país perder uma década. É preciso *venezuelar* para criar o socialismo de raiz.

Até as paredes da salinha do Lula na sede da Polícia Federal, em Curitiba, sabia que o candidato seria o ex-prefeito de São Paulo, Fernando Haddad, escolhido não por acaso por Lula. Para ser a marionete que Lula esperava que Dilma fosse. Haddad nunca venceria aquela eleição a não ser como vice de Ciro.

Haddad havia perdido a reeleição para prefeito de São Paulo, apenas dois anos antes no primeiro turno. Como o PT esperava que esse personagem tivesse êxito numa eleição presidencial? Em uma disputada acirrada, entrando no jogo na última hora, após segurar por três meses uma falácia? Só a viseira ideológica manteve os aficionados em torno da candidatura natimorta.

Ciro Gomes

Por todas essas variáveis eleitorais era iminente a derrota do candidato Haddad para Jair Bolsonaro, caso chegassem ao segundo turno; e mais óbvio ainda que o único candidato com alguma chance de aglutinar a Esquerda e parte dos mais de trinta milhões de eleitores que anularam era um candidato com *recall*, no caso Ciro Gomes; ou alguém que não viesse embutido do sentimento antipetismo.

Lula foi egoísta limando a possibilidade dessa aglutinação. O fez para Ciro Gomes não se fortalecer como uma nova força da esquerda brasileira. É a triste realidade, mas inegável. Até o mais tarado dos petistas precisa admitir essa verdade ao invés de acusar o político cearense de traidor e de "viajar para Paris". O cara leva uma rasteira dentro da salinha da PF e depois ainda tem de fazer afago no velho pilantra? Fala sério.

Lula ao insistir em sua candidatura utópica, bloqueando a possibilidade de unir forças da esquerda em torno de Ciro Gomes, é o grande traidor da eleição 2018. O ex-governador cearense foi abandonado num momento crucial da história política brasileira, quando o adversário mostrava que venceria o pleito. Todas as pesquisas indicavam a vitória. Ferido de morte e com temperamento explosivo, Ciro Gomes viajou para a Europa, desistindo de apoiar o PT em sua quixotice marota.

Derrota anunciada

Petistas jogam no colo do político cearense a culpa eleitoral da derrota em 2018, mas são incapazes de reconhecer a culpa do ex-presidente Lula. Isso é movimento de rebanho. Culto ao personalismo. Lula corroeu a esquerda. Lula faz mal à esquerda brasileira. Aceite. Entenda. Liberte-se da viseira que o aprisiona em um candidato eterno.

É possível que a esquerda, mesmo unida em torno de um candidato em potencial como Ciro Gomes, não tivesse ganhado a eleição presidencial de 2018. Mas o nível de competitividade seria maior e o índice de rejeição menor entre os eleitores. É possível que a derrota não fosse de dez milhões de votos de diferença, nem que os votos anulados, em branco e as abstenções, chegassem a um percentual tão significativo.

O catecismo do lulismo

Ninguém está acima da lei, nem do bem e do mal. Ninguém deveria ser catequizado ao ponto de nunca ser questionado por seus apoiadores. Apoiar não significa dizer amém a tudo, aceitar qualquer coisa e nunca questionar. Isso é movimento de rebanho, tal qual o bolsonarismo faz com o bandido de estimação deles.

O ser humano não é boi para seguir em manada, ruminando sim, quando deveria dizer não. Isso vale para petistas e bolsomínios, porque a defesa cega se incorporou de tal forma em ambos os grupos que é como se os ídolos de estimação deles não cometessem crimes, não dissessem asneiras, nem cometessem erros. Foram santificados pela santíssima entidade da viseira ideológica das seitas.

A direita composta de bolsomínios enlouquecidos perdeu bastante apoiadores nesses três anos de desvarios.

A pandemia da Covid 19 só descortinou a incompetência e a maldade de Jair Bolsonaro. A ausência de sentimentos e a falta de empatia que beira a psicopatia. Talvez seja, quem sabe? Muitos que aderiram ao candidato se frustraram no decorrer da gestão. Seja pelo nepotismo com o filho deputado 02, seja na proteção ao filho senador 01 ou na intervenção do filho vereador carioca que dá expediente em Brasília, no Gabinete do Ódio. Sem contar as manobras com o COAF e a falta de visão do que significa a presidência de um país.

Esse movimento de revoada também ocorreu quando o PT assumiu o poder em 2003 e o partido se corrompeu. Fernando Gabeira, Marina Silva, Hélio Bicudo e mais uma montanha de pessoas bacanas deixaram o partido. Gente séria que se sentiu incomodada à medida que as tramoias iam se acumulando. A revoada do PSL deveria servir de alerta à legenda, não para transformá-los em inimigos dos minions exaltados nos ataques de baixo calão nas redes sociais.

Seitas

Essa personificação de líderes políticos é típica de países com viés autoritários. Há exemplos como Hugo Chávez, na Venezuela; a dinastia Kim, composta de três gerações: o avô Kim il-Sung, o pai Kim Jong il e o atual Kim Jong Un; Fidel Castro, em Cuba. Esse tipo de regime, onde a ideologia supera a realidade, nunca é saudável. Há sempre mentiras à espreita, corrupção e desvio de conduta.

No Brasil, a democracia é uma jovem adolescente amadurecendo. Até 2018, foram apenas cinco eleições presidenciais, com dois *impeachments* no caminho. O sistema democrático brasileiro, quando comparado aos países europeus ou aos Estados Unidos, é uma criança.

Os vinte e um anos de regime militar fizeram mal ao país, pela ausência da escolha dos governantes pelo voto direito. A sociedade cresce nos erros, nas más escolhas, que fortalece as instituições e que direciona o país ao melhor sistema social, político e econômico.

O fantasma da ditadura fez com que parte dos agentes públicos canonizasse o **Socialismo** *(doutrina política e econômica que prega a coletivização dos meios de produção e de distribuição, mediante a supressão da propriedade privada e das classes sociais)* como o sistema político-econômico do "bem"; e demonizando o **Capitalismo** *(sistema econômico baseado na legitimidade dos bens privados e na irrestrita liberdade de comércio e indústria, com o principal objetivo de adquirir lucro)* como o sistema político-econômico do "mal".

Anti-imperialismo

Parte da demonização da esquerda brasileira ao capitalismo é herança do sentimento nacionalista e do antiamericanismo dos anos 1960 que tinham os EUA como os "imperialistas oprimindo e aculturando os povos latinos para roubar suas riquezas naturais". Esse discurso anacrônico perdeu força à medida que as gerações evoluíram e o saudável distanciamento do passado é decantado pelo tempo.

É um discurso geracional. O culto ao personalismo é prática de países autoritários, antidemocráticos e quase sempre incorre em autoritarismo por parte da liderança. Democracias fortes e saudáveis fortalecem instituições, não pessoas.

É fácil acusar o outro pelo que você faz e chamar o adversário do que você é. Quando a viseira ideológica vira armadura, ela se torna perigosa demais para ser usada. Melhor se libertar e arejar os pensamentos. Políticos quase nunca são seres imaculados. Em geral não o são, mas em toda regra pode haver exceção.

É preciso se desapegar dos personagens. Manter-se neutro. Ser observador com senso crítico. Ter a alma e o espirito frio. Na política, não há emoção, mesmo quando pareça que há. Questionando e admitindo que a criatura que você elegeu é apenas mais um ser humano passível de erros. Questionar as atitudes do seu bandido de estimação faz com que ele melhore, cresça como gestor público.

Enchê-lo de confetes, apenas o fará se manter numa zona de conforto; e o voto é a arma mais poderosa de uma sociedade democrática. Quando Lula da Silva foi reeleito, após o escândalo do mensalão, ele recebeu carta branca para continuar os crimes; e o fez com o petrolão. Tivesse sido rejeitado nas urnas, teria pago pelos erros e quem sabe se tornado alguém menos arrogante. Da mesma forma, Dilma ao ser reeleita (um dos maiores erros eleitorais do Brasil), tornou-se o monstro dela mesma, numa autofagia que lhe custou o mandato. *(Não foi golpe, ok? Aceite e viva com isso)*

Os ciclos econômicos

A extrema direita assumiu o poder em 2019 e fez uma lambança ideológica sob os desvarios inimagináveis do ídolo torto Jair Bolsonaro. É uma aberração em todos os sentidos de um governo indefensável, como foi Dilma em seis longos anos de mandato e Lula em oito anos de compulsão pela corrupção sistêmica.

Os ciclos econômicos são cíclicos e à manutenção de um grupo político no poder está ligada ao ambiente positivo no mercado financeiro, das contas públicas e no bem-estar da sociedade. A percepção de que a vida melhorou com o grupo que está no poder, em geral, está personalizado numa determinada figura, como foi o caso de Lula.

Por mais corrupto que o ex-presidente tenha sido em sua passagem na presidência, para parte da sociedade ele permanece como uma "entidade" de um brasil próspero. É uma percepção legítima, ainda que simplória. Algo como "rouba, mas faz" de Paulo Maluf.

Lula é (ultra) passado

A canonização de Lula da Silva é um dos maiores erros que a esquerda cometeu. A manutenção desse personagem no jogo eleitoral atrapalhou o conjunto de forças políticas no campo ideológico progressista ao não permitir a renovação das lideranças. Lula agiu como um Buraco Negro, comprimindo e destruindo todos que tentaram ocupar seu espaço. Só que o poder corrompe quem já tem o espírito corrompido. (*Se quer conhecer o caráter de alguém, dê poder para ele*).

Socialismo é bonzinho. Capitalismo é malvado

O ex-governador de São Paulo, Geraldo Alckmin (ex-PSDB/SP, agora PSB/SP), na campanha 2018 era o verdadeiro liberal da economia, com experiência de gestão da maior cidade do Brasil em dois mandatos, mas não conseguiu representar o antipetismo que elegeria Bolsonaro. Para a esquerda, Geraldo era reacionário e golpista. Agora é o vice na chapa do Lula em 2022. A política é pragmática, companheiro. Aprenda e se liberte.

É possível que o ex-senador Aécio Neves (PSDB/MG) tenha contribuído para essa derrocada. Ao não se afastar da presidência do partido, após as gravações reveladas das conversas pouco republicanas com o empresário Joesley Batista, o neto de Tancredo Neves fragilizou a legenda.

O fato é que a eleição de 2018 arejou o debate sobre modelos de gestão e sistemas de governos. Derrubou conceitos e ajudou o país a se libertar do preconceito ideológico raso, onde "a esquerda é do bem e a direita é do mal". O socialismo é bonzinho e o capitalismo malvado. O equilíbrio é uma linha tênue entre o ódio e o bom senso, de ambos os lados.

O legado do artista

Entre os músicos, há artistas como Lobão e Roger Moreira (Ultraje a rigor) que no passado foram ídolos da esquerda, mas agora são rejeitados nesse campo ideológico pelas críticas a Lula, PT e demais companheiros de corrupção. Eles são chamados de traidores e reacionários pela esquerda sectária.

Tolice. Como se no Brasil as pessoas fossem obrigadas a ter pensamento homogêneo. A obra musical importante de ambos é relegada por esses grupos, como se o legado artístico perdesse a importância pela questão política. Numa analogia, seria como não ler os livros de Ernest Hemingway porque, em algum momento da vida, ele foi caçador na África.

Do outro lado do muro, a direita raivosa também não dá trégua a Chico Buarque, Gilberto Gil, Daniela Mercury e outros artistas que se expõem na defesa do ex-presidente preso e da sua turma de pilantras bem intencionados.

A *turma de Jair* defenestra Chico Buarque como se a obra de um dos maiores compositores da música popular brasileira não tivesse importância. Como se todas as canções marcantes de várias gerações não fossem um legado cultural importante para o país. Quando a ideologia se torna arraigada, a carapuça da tolice cabe em todas as cabeças pensantes.

Nesse campo minado, temos os artistas calados para evitar linchamentos, polêmicas e conflitos. Preferem não se expor ao tiroteio dos desvairados. São os *isentões*. Ou seja, você não em direito nem de expor as suas ideias, os seus gostos, as suas preferencias, nem de ficar calado. Difícil, não?

Roberto Carlos passou por isso na ditadura militar. O patrulhamento ideológico da esquerda cobrava posicionamento. O Rei só queria cantar e buzinar no seu calhambeque *bi bi*. Esse cara é o Rei.

Maturidade não é covardia

Numa democracia é direito de cada um defender o que quiser e pensar como quiser. O Brasil está no processo de construção da jovem democracia. Nem todo mundo é tão mal que não possa ser bom, nem todos são tão bons que não sejam maculáveis.

O Brasil está amadurecendo a cada eleição. Um adolescente aprendendo a ser maduro. Mais algumas eleições e os extremos se reduzirão a grupos, enquanto a cidadania será exercida como deve ser: respeitando-se as opiniões contrárias e aprendendo a aceitar as diferenças. Fortalecer as instituições é o melhor caminho para se atingir esta maturidade.

Para a esquerda brasileira chegar à maturidade e sair do ostracismo que se encontra terá de fincar dois pés na realidade política e na economia globalizada. A esquerda vai ter que debater a corrupção e reconhecer os erros cometidos nas gestões petistas, nos posicionamentos contrários dos parlamentares em votações importantes. A esquerda vai ter de se modernizar na ideologia sobre a economia de mercado, o liberalismo econômico, *sem perder a ternura* de defender os fracos e os oprimidos.

Poderá até se vitimizar, mas sem culpar a direita, a oposição e os adversários por tudo de ruim que acontece no país. E, talvez o mais difícil, aceitar que o líder máximo da seita, Luiz Inácio Lula da Silva, cometeu crimes de lesa pátria.

Enquanto houver *resistência* e tentativa de criminalizar o ex-juiz Sérgio Fernando Moro para inocentar o ex-presidente corrupto vai ser impossível levar a sério qualquer tentativa de modernização do sectarismo entranhado na esquerda brasileira.

Sim, Jair é tosco

Aos bolsominions mais radicais defensores do presidente Jair Bolsonaro, as nossas sinceras *excusas*, mas ele bem que poderia se conter em pautar a imprensa com temas desnecessários, falar como se não houvesse filtro, nem amanhã. Como se fosse Odorico Paraguaçu de uma cidadezinha do interior da Bahia. Durante os quatro anos, o presidente atuou contra o próprio governo e contra o projeto do qual depende para chegar com êxito ao final do mandato.

Opinião pessoal não carece de seguidor

Bolsonaro está descredenciado como presidente. Dilma falou muita bobagem e foi reeleita, mas não tentou um golpe, ao menos não deforma explícita como Bolsonaro. Esse fato é inadmissível. O Brasil não precisa de um Trump tupiniquim. O mundo não precisa de Trump algum.

Minions

Os bolsominions colaboram com o clima de animosidade, atacando as instituições como se fossem inimigas. Instituições são soberanas. Pode-se discordar delas, não as destruir. Jair Bolsonaro é tosco. Ele sempre foi assim como deputado e continua a sê-lo como presidente da República. Age como *trumpista*, falando tudo e qualquer bobagem para realimentar uma plateia de fanáticos em sua base de sustentação política. Age como o personagem que ele criou e não consegue se libertar. Não imagino qual fórmula usou para convencer o eleitor carioca a reelegê-lo por sete mandatos parlamentares. O risco é a fadiga de material.

Boa sorte ao Brasil!

EPÍLOGO

A nova esquerda: do sectarismo ideológico ao liberalismo econômico

O fato previsível é que a esquerda representada por Guilherme Boulos, Fernando Haddad, Gleisi Hoffman, Manuela d'Ávila, só para citar os mais conhecidos não vai sobreviver se a única proposta de projeto social continuar a ser narrativas como Lula livre e golpe, apoiar a ditadura chavista ou qualquer outro modelo utópico que não caiba no mundo real. Após 2022, muita coisa pode acontecer.

Se confirmada a previsão dos analistas econômicos e do Senhor Mercado, este sábio sem ideologia, o cenário econômico no Brasil terra arrasada e o modelo do liberalismo econômico é a tábua de salvação: privatização, ajuste fiscal, abrir mercado para dinheiro estrangeiro. As privatizações geram emprego, renda, eficiência e um novo modelo de Brasil do futuro.

Se todas essas previsões se confirmarem vai faltar discurso para esquerda sectária. O liberalismo econômico vai ser absorvido de vez pelos brasileiros.

A esquerda liberal

Quem não aderir ao modelo liberal da economia, vai estar por fora, ultrapassado. É possível que o brasileiro sensato, trabalhador honesto, que labuta pegando o *busão* cheio da manhã e da noite com dois expedientes por dia, não tenha mais cérebro para discurso ideológico e dê um basta nas narrativas socialistas. Talvez vejamos a esquerda aceitar a realidade de que o Brasil precisa ser um país aberto, pragmático, capitalista; com uma economia regulada pelo mercado. Com empregos gerados pelo mercado privado e não pelo Estado.

Nossa aposta

A esquerda sectária vai ceder à economia liberal da mesma forma como o governo socialista em Portugal cedeu ao aprovar reformas estruturais no país. Os bancos europeus condicionaram os empréstimos às reformas da previdência e modernização do Estado.

Liberte-se

Não vai ser ruim, nem vergonhoso para esquerda. Não dói, só um pouquinho no começo, quando se tem de mudar algo que se passou a vida crendo. Vai ser apenas a constatação de que o país perdeu tempo com discursos longos e debates ideológicos tolos. Sempre haverá os tolos radicais esbravejando tolices.

Não tem problema. Não há pior incômodo do que a imposição do pensamento homogêneo das ditaduras. Torcemos para que a esquerda se liberte das amarras que a impedem de avançar ao mundo moderno, aberto e livre de extremismos.

Já existe uma ultradireita raivosa e extrema no mundo, Europa, EUA, Brasil. É preciso contê-la. É uma direita perigosa. O mundo precisa de paz, harmonia, interação entre os povos. A "Utopia Lennon" onde o mundo é um só.

Mea culpa

Parte da culpa do avanço da extrema direita no Brasil é da própria esquerda, que não se permite enxergar além das narrativas e das utopias. Aceitar a economia do mercado privado como caminho para a geração de receita e da justiça social, o combate à fome e à pobreza; à geração de renda para a educação, saúde e segurança. De onde vem o dinheiro do Estado? Da produção do capital privado. Quanto antes a esquerda absorver e aceitar essa realidade, mas rápido a democracia se estabiliza com as forças antagônicas em equilíbrio, em busca do mesmo resultado: o fortalecimento do Brasil no mundo e o bem-estar do povo brasileiro.

ANEXOS

POLÍTICA ECONÔMICA LIBERAL está coberta de virtudes sociais, uma vez que promove:

LIBERDADE INDIVIDUAL

(Faça o que quiser, seja como quiser, agindo dentro das leis que regem o país, e ninguém o incomodará);

LIBERDADE CÍVICA

(Escolha a tendência política que quiser, mas entenda que você é parte integrante do Estado; deve manter obrigações cívicas de interesse público, respeitar as instituições e cumprir os deveres como cidadão).

LIBERDADE ECONÔMICA

Prega a ideia de liberdade para a economia com menor interferência do Estado que deve ser mais agente regulador do que agente ativo. É a concepção de que o mercado econômico se autoregulamenta, com menos controle do Estado, ficando a cargo dos indivíduos e da dinâmica natural dos negócios, grande parte das decisões econômicas.

Liberalismo é "doutrina baseada na defesa da liberdade individual, no campo econômico, político, religioso e intelectual, contra as ingerências e atitudes coercitivas do poder estatal"; ou "doutrina político-econômica e sistema doutrinário que se caracteriza pela sua atitude de abertura e tolerância a vários níveis. De acordo com essa doutrina, o interesse geral requer o respeito à liberdade cívica, econômica e da consciência dos cidadãos".

POPULISMO

1 Relação direta e não institucionalizada entre o líder e as massas: apresenta-se aqui a clássica definição do "líder carismático", aquele que cria uma relação de proximidade com as massas sem passar por nenhuma instituição política, mas unicamente por seu carisma.

2. Forte nacionalismo econômico e defesa da união das massas: relaciona-se à tendência dos políticos populistas a adotarem medidas econômicas nacionalistas. Além disso, o discurso é sempre voltado para a conciliação das diferentes classes sociais. Assim, o líder não fala por uma classe específica, mas pela nação.

3. Liderança política baseada no carisma pessoal e na rede de clientelismo: o poder do líder político é centralizado no seu carisma e na rede de troca de favores desenvolvida a partir dessa liderança.

4. Frágil sistema partidário: as instituições políticas das nações com regimes populistas eram frágeis. Além disso, apresentava-se um sistema partidário muito embrionário (ou inexistente), uma vez que o poder era concentrado na figura do líder e não no sistema político institucionalizado.

COMO DENUNCIAR FAKE NEWS NAS REDES?

Agradecemos a sua denúncia. Você fez a coisa certa ao nos informar sobre isso. Analisamos a publicação e, apesar de não ir contra especificamente os nossos Padrões da Comunidade, entendemos que ela pode ser ofensiva para você e outras pessoas. Ninguém deve ser obrigado a ver publicações que podem ser consideradas intolerantes no Facebook, por isso, queremos ajudar você a evitar situações como essas no futuro.

Na lista acima, você pode bloquear ... (**pessoa/perfil**) diretamente, ou pode desfazer a amizade ou deixar de seguir essa pessoa. Se você deixar de seguir essa pessoa, vocês continuarão sendo amigos no Facebook, mas não será mais possível ver as publicações dela no seu Feed de Notícias. Sabemos que essas opções podem não se aplicar a todas as situações. Portanto, informe caso veja outro item que você acredita que precisamos analisar. Também considere utilizar o Facebook para se manifestar e informar a comunidade ao seu redor. Uma contra-argumentação com informações detalhadas e pontos de vista alternativos pode ajudar a criar um ambiente mais seguro e respeitoso. Agradecemos por nos informar sobre algo que você não deseja ver no Facebook. Após a análise do seu relatório, você receberá uma atualização aqui na Caixa de Entrada de Suporte.

Introdução ao novo livro da Vedas edições / Arnaud Mattoso sobre "Lulismo, bolsonarismo e populismo"

O golpismo explícito tomou conta do bolsonarismo ao final da eleição presidencial 2022. A não aceitação do resultados das urnas, mesmo após o TCU e todos os organismos nacionais e internacionais adimitirem a lisura. O bolsonarismo prefre crer em ilações e análises falsas de indivíduos na frente de um celular do que em informações da imprensa profissional, instituições e de orgãos oficiais. As teorias conspiratórias em torno da derrota de Jair Bolsonaro se multiplicam entre os grupos de aplicativos de mensagens e redes sociais como "verdades absolutas", onde qualquer prova contrária é vista como "falsa". É a inversão de valores da sociedade constituída em detrimento a um suposto "sistema corrompido". O populismo avança na extrema direita na mesma proporção que se instalou na esquerda latina. Uma lástima que as pessoas, individualmente, deveriam se libertar, aceitando o direito ao contraditório como a libertação do antagonismo ao pensamento hegemônico, marca imposta pelas ditaduras, sejam de esquerda ou direita.

FIM

CONTINUE COM A GENTE

Vedas edições

<u>vedasedicoesprime@gmail.com</u>

FIM

CONTINUE COM A GENTE

Vedas edições

<u>vedasedicoesprime@gmail.com</u>